Kriegsende im Wendland

The Massacre at Pevestorf

sowie

Schilderung des Schicksals eines der sieben auf dem Bauernhof von Heinrich Roost am 23. April 1945 gefallenen, verbrannten und deshalb nicht identifizierten amerikanischen Soldaten.

Sergeant Willis Coleman Pritchard

von Karl-Heinz Schwerdtfeger

Band VI

Bibliografische Information der Deutschen Nationalbibliothek
Die Deutsche Nationalbibliothek verzeichnet diese Publikation
in der Deutschen Nationalbibliografie; detaillierte bibliografische
Daten sind im Internet über http://dnb.dnb.de abrufbar.

© 2014 Karl-Heinz Schwerdtfeger
Herstellung und Verlag:
BoD – Books on Demand, Norderstedt
ISBN 978-3-7357-2401-4

Gegen das Vergessen

Wer die Vergangenheit nicht kennt, wird die Zukunft nicht in den Griff bekommen!

Golo Mann

Vorwort

Bei der jahrelangen Forschung nach Dokumenten und militärgeschichtlichen Unterlagen für das Buchprojekt „Kriegsende im Wendland" waren zwangsläufig auch Besichtigungen derjenigen Militärfriedhöfe jenseits deutscher Grenzen erforderlich, auf denen die im Wendland gefallenen Soldaten beider Seiten beerdigt wurden.

Wo waren die bei den Kämpfen im Wendland zu Tode gekommenen deutschen und amerikanischen Soldaten geblieben? Wer hatte veranlaßt, daß die Toten von der Elbe bis ins hunderte Kilometer entfernte Holland transportiert und dort jenseits der deutschen Grenze auf Militärfriedhöfen beerdigt wurden?
Denn anders als bei den Amerikanern wurden bei den Briten englische Gefallene auf provisorisch eingerichteten Militärfriedhöfen am Todesort bestattet.

Nach zeitraubender (aber letztendlich erfolgreicher) Suche und Erwerb von Kopien der Gefallenenlisten und der Begräbnisprotokolle eines Militärfriedhofes mußten anhand der Angaben über Todesort, Todesdatum und Einheitszugehörigkeit die Gefallenen aus dem Wendland ermittelt werden.

Leider können die Erlebnisberichte der amerikanischen Veteranen nicht durch entsprechende Aussagen deutscher Zeitzeugen bestätigt werden. Denn ein Ereignis sollte auch von der Gegenseite geschildert werden, damit aus der unterschiedlichen Betrachtung von beiden Seiten eine Bestätigung des Geschehens gefunden wird.
Unvollständige Aussagen deutscher Veteranen, die an den Kämpfen im Brückenkopf Lenzen teilnahmen und mit dem Leben davongekommen waren, stellten sich leider als nicht verwendbar heraus.
Falls man heute Einwohner von Pevestorf und Restorf nach deren Wissen von den Kämpfen am 22. und 23. April 1945 befragt, zeigt sich eine erstaunliche Unkenntnis der militärgeschichtlichen Ereignisse.
Zwar kennen die meisten Einwohner (auch Nachgeborene und Zugezogene) die damals entstandenen Schäden an Zivilpersonen und Sachwerten in den Dörfern, aber über die militärischen Geschehnisse zeigt man sich mangelhaft unterrichtet.
Es leben nur noch wenige Zeitzeugen, die den Nachgeborenen von eigenen Erlebnissen berichten könnten.
Das große Schweigen der Zeitzeugen begann bereits bei Kriegsende.
Man sprach nicht darüber, man wollte die schlimmen Erlebnisse vergessen, sie aus dem Gedächtnis löschen (falls es möglich gewesen wäre).
So wurde daraus ein Tabu-Thema. Und die Nachgeborenen (Enkel) wissen von nichts, und werden somit auch nichts über die grauenhaften Ereignisse erfahren..
Auf die an Einwohner der Dörfer Restorf, Pevestorf und Brünkendorf gestellten Frage, wo die bei den Kämpfen gefallenen amerikanischen und deutschen Soldaten beerdigt wurden, erhält der Fragende als Antwort oftmals unwissendes Schulterzucken.
In wenigen Fällen nennen die Befragten dann den „Ehrenhain Buchhorst/ Gartow".
Wie viele Tote es damals bei den Kämpfen gegeben hat, weiß niemand zu sagen.
Unbekannt sind ihnen die Kriegsgräberstätten Margraten (US-Soldatenfriedhof) und Ysselsteyn in Holland (Sammelfriedhof für deutsche Gefallene in Holland).
Der Soldatenfriedhof Buschkamp, Senne I, Bielefeld ist auch nicht bekannt, weil der nicht mit den Kämpfen des Brückenkopf Lenzen in Verbindung gebracht wird.

Eine Beschreibung der Kriegsfriedhöfe ist demzufolge empfehlenswert, auf denen die Gefallenen des Wendlandes (Brückenkopf Lenzen und Brückenkopf Dömitz) ihre letzte Ruhestätte gefunden haben.
Teil 2 : American Military Cemetery Margraten / Holland
Teil 3 : Sammelfriedhof für deutsche Gefallene in Ysselsteyn / Holland
Teil 4 : Deutscher Soldatenfriedhof Buschkamp, Senne I, Bielefeld

Im Zuge der allgemeinen Forschung folgte dann die vergebliche Suche des Verfassers in Margraten nach Gräbern von sieben US-Soldaten, die auf dem Bauernhof Heinrich Roost in Pevestorf am 23. April 1945 zu Tode kamen und (weil verbrannt) nicht identifiziert werden konnten.
Bei der Suche nach den Vermißten fanden die Amis zwar die verkohlten Leichen, aber nicht deren Erkennungsmarken. So galten die sieben verbrannten Amerikaner als vermißt und wurden erst ein Jahr später für tot erklärt.

Danach gelang dem Verfasser, die Verbindung zu Angehörigen (Enkel) eines der sieben gefallenen Amerikaner aufzunehmen. **Sergeant Willis Coleman Pritchard** aus Mulberry, Arkansas, USA.
Die Angehörigen erhielten nie Auskunft, wo der Ehemann (bzw. Vater) beerdigt wurde und wo dessen Grabstelle sich befindet, die man gern besuchen wollte.
Die Grabstellen der sieben auf dem Hof Heinrich Roost umgekommenen und als vermißt geführten US-Soldaten (unknown deads) sind heute (nach 69 Jahren) auf dem US-Militärfriedhof Margraten aus unbekannten Gründen spurlos verschwunden.
Einzelheiten werden im Teil 2 beschrieben.

Die Pevestorfer Familie Heinrich Roost hat viel Kummer und Leid erfahren müssen.
Nicht nur weil ihr großer Bauernhof am 23. April 1945 vollständig abbrannte.
Am selben Tage (23. April 1945) kam der jüngste Sohn Lothar (11 Jahre alt) der Familie Heinrich Roost ums Leben.
Einige Familien hatten am Sonntagnachmittag (22. April 1945) Pevestorf auf dem Friedhofsweg in Richtung Brünkendorf verlassen. Als sie auf dem Wege nach Brünkendorf fast schon den Friedhof erreicht hatten, entschlossen sich einige der Geflüchteten, dort zu bleiben. Die Kämpfe um Pevestorf würden bald entschieden sein und man könne dann schneller ins Dorf zurückkehren.

Die Entscheidung, dort am Friedhofsweg zu bleiben, sollte sich kurz darauf als äußerst folgenschwer erweisen.

Denn die vier amerikanischen Panzer vom 2. Zug, C-Kompanie, 771. Panzer-Bataillon, auf der Straße von Restorf nach Brünkendorf, entdeckten die Pferdefuhrwerke auf dem Friedhofsweg, betrachteten die als Fahrzeuge der sich zurückziehenden deutschen Soldaten und beschossen sie mit ihren Panzergeschützen.
Die erkannten nicht, daß sie auf Zivilisten und Zivilfahrzeuge schossen.
Sie meldeten: „...enemy vehicles fired on! ...“ (auf feindliche Fahrzeuge geschossen)
Kollateral-Schäden bei der Zivilbevölkerung wurden in den US-Dokumenten nicht erwähnt.
Der 11jährige **Lothar Roost** starb durch den Splitter einer Panzergranate.

Kriegsende im Wendland
The Massacre at Pevestorf
Inhaltsverzeichnis

Teil 1

The Massacre at Pevestorf

Kampfhandlungen in Pevestorf
22. bis 24. April 1945

Fotos: Im Jahre 2002 aufgenommen, Schwerdtfeger

Erstes Gefecht in Pevestorf am Sonntag, den 22. April 1945, mittags
Pfc. *(Ogfr.)* **Lawrence Seifner**, 1.Zug *(platoon)*, I-Kompanie, 335. Rgt., berichtet.

„... Als Vorausmann *(pointman)* führte ich meine Gruppe *(squad)*, meinen Zug und die I-Kompanie vorwärts. Wir verteilten uns, als wir vorsichtig und aufmerksam durch Pevestorf gingen. Dicht hinter mir folgte der scharfsichtige Pfc. Robert A. Hinman. Gemeinsam waren wir die vordersten Augen der Kompanie.
Hinter uns überprüften unsere nachfolgenden Kameraden *(buddies)* die Gebäude beiderseits der Dorfstraße.
Plötzlich sprang ein Deutscher *(Jerry)* am Dorfende, etwa 100 Yards *(ca. 90 m)* von uns entfernt, mit einer weißen Flagge aus dem letzten Gebäude.
Er stand inmitten der Straße und schwenkte heftig seine Flagge. Ich bewegte mich langsam auf ihn zu. Er blieb da weiter stehen und schwenkte seine Flagge.
So näherte ich mich ihm bis auf etwa 30 Yards *(ca. 27 m)* Abstand.
Plötzlich ließ er die weiße Flagge fallen und leerte seine Maschinenpistole *(burb gun)* auf uns aus kürzester Distanz. Im Schwarm der spritzenden Kugeln sprangen wir in die einzige nahegelegene Deckung, ein Steinhaus auf der linken Straßenseite.
Der hinterhältige, flaggenschwenkende, Mpi-schießende SS-Bastard rannte zurück in das Haus aus dem er gekommen war. *(Anmerkung: Haus Wolgast am nördlichen Dorfende)*

Die erste Salve Artillerie-Granaten, die weit hinter dem Höhenzug *(Höhbeck)* abgefeuert wurde, jaulte herankommend mit dem uns wohlbekannten Orgelgeräusch der 88 mm Granaten. Über uns hinweg schlug die gefährlich zischende Granate etwa 100 Yards *(90 m)* hinter uns mit lautem Knall explodierend im flachen Wiesengelände ein.
Sergeant Buschs nachfolgende Gruppe *(squad)* wurde gezwungen, in dasselbe Steinhaus zu krabbeln, in dem wir uns befanden. *(wahrscheinlich Haus-Nr. 36, Fam. Maaß)*
Die nächste Salve schlug näher ein. Sie schossen sich auf uns ein! Die 88 mm-Granaten schlugen ihre flachen Krater nur 50 Yards *(ca. 45 m)* von unserem Haus entfernt. Auf die Dorfstraße zu gehen wäre offensichtlich Selbstmord gewesen.
Die Einschläge und das flache Land befanden sich jenseits der Dorfstraße auf der Gegenseite vom Höhenzug. Wir mußten so oder so die Stellung wechseln und wir hatten uns schnell zu entscheiden.
Genau danach folgte eine Salve mit einer raschen Einschlagexplosion oben auf der Höhe. Busch befahl mit lauter Stimme: „Bleibt wo ihr seid!"
Nach der nächsten Salve folgte wieder der rasche Einschlag oben auf der Höhe.
Die 88 mm-Flachbahngeschosse mit ihrer hohen Geschwindigkeit konnten uns nicht erreichen. Denn wir befanden uns zu dicht am Fuße des Hügels. Es gab für die Deutschen *(Jerries)* keine Möglichkeit, ihre 88 mm über die Spitze des Hügels auf uns zu feuern.
Nun hatte ich das alte Problem wieder. Es war meine Pflicht, als erster aus der Tür zu gehen. So biß ich die Zähne zusammen und schritt hinaus. Hinman war dicht hinter mir. Der Rest unserer Gruppe *(squad)* verteilte sich mit Abständen zueinander, als wir auf der Dorfstraße weiterzogen.
Sgt. Busch und Pfc. Fenton C. Perry, unser BAR-Mann *(LMG-Schütze)*, nahmen mit Abstand zueinander die Straßenmitte ein, zusammen mit Lt. Gill und Pfc. Kenneth Foster, der das Funkgerät trug.
Genau an der Stelle, wo der flaggenschwingende und Mpi-ballernde Mann gestanden hatte, als er hinterhältig das Feuer auf Hinman und mich eröffnete, rief Sgt. Busch: „Halt an Seif!" Er und Perry kamen Schulter an Schulter zu mir heran.

Busch wollte mir etwas sagen.

Doch das schaurig kalte Rattern eines deutschen Machinengewehrs unterbrach ihn.

Es sah aus, als ob Rauchringe aus Perrys Rücken kamen, die in der Luft über ihm hängen blieben, als er vornüber zu Boden stürzte.

Busch stöhnte, ließ sein Gewehr fallen und preßte mit beiden Händen den Bauch.

Ich warf mich rollend zu Boden. Hinman warf sich ebenso zu Boden und erreichte feuerbereit das nächstliegende Gebäude. *(Anmerkung: Haus Wolgast)*

Hinman und Zielinski durchsuchten das Gebäude.

Zu deren Hilfestellung rannten Dempsey, Foster und Leutnant Gill hinein.

Das Haus, halb Wohngebäude halb Stall unter einem gemeinsamen Dach, war leer außer einer Kuh im Stall.

Die Deutschen *(Jerries)* feuerten weiter in Perrys Körper. Jedesmal zuckte der Körper, wenn getroffen. Er lag dort in der Straßenmitte mit dem Gesicht im Dreck, sein BAR *(LMG = Browning Automatic Rifle)* neben ihm.

Der deutsche MG-Schütze war auf der Hügelseite in Stellung gut getarnt eingegraben. Von mir aus gesehen hinter ein paar Bäumen. Mit ein paar Schuß meines Karabiners brachte ich ihn dazu, den Kopf einzuziehen.

Während dessen versuchte ich herauszufinden, ob ich irgendetwas für Busch tun konnte, der weiterhin hilflos in Straßenmitte mit heraushängenden Gedärmen da stand. Ich konnte nicht zu ihm gehen, weil ich dann in das Schußfeld des deutschen MG-Schützen geraten wäre.

Dann sah er meinen Blick, schlang seine Arme so gut es ging um seine blutigen Därme und kam langsam zu mir herüber an die Gebäudeseite.

Ich streute eine Anzahl Päckchen Desinfektionsmittel über seine zerrissenen offenen Gedärme.

Er bat mich, ihm in den Kopf zu schießen. Aber ich konnte sowas nicht tun.

Dann wurde Busch schrecklich grün-gelb im Gesicht und verlor gottseidank das Bewußtsein.

Sgt. *(Feldwebel)* Edward J. Bakalarski benutzte eine Steinmauer auf der anderen Straßenseite als Deckung, als er versuchte an die Deutschen *(Jerries)* heranzukommen. Doch einer von ihnen erwischte Bakalarski. *(Anmerkung: Oberschenkel-Durchschuß)*

Überall um uns herum befanden sich Deutsche.

Leutnant Gill ernannte mich auf der Stelle zum S/Sgt. und Gruppenführer *(squad leader)* als Ersatz für Busch. Aber im Durcheinander nach dem Kampfgschehen hat die Kompanie das nie bestätigt.

Gerade planten S/Sgt. Estes C. Dempsey und ich unser weiteres Vorgehen, als ein durch das zum Hügel zeigende Fenster hereinkommender Schwall Kugeln Dempsey außer Gefecht setzte. *(Anmerkung: Ober-und Unterschenkel-Durchschuß)*

Durch dasselbe Fenster feuerte ich ein paar Schüsse in Richtung auf den feindlichen MG-Schützen, um ihm etwas zum Nachdenken zu geben.

Leutnant Gill benutzte Fosters Sprechfunkgerät, um unserem Gefechtsstand am anderen Ende des Dorfes Bericht zu erstatten. *(Anmerkung: Der Gefechtsstand war im Hause Jirjahn, heute Hof Pengel, eingerichtet worden)*

Innerhalb weniger Minuten spazierten die Sanitäter, Sgt. Anthony R. Ttrovant, genannt „Doc", und Pfc. George Wiley, genannt „Red", direkt in das Blickfeld des deutschen MG-Schützen.

Es war absolut unglaublich.

Denn sie kamen direkt in Straßenmitte freundlich lächelnd heran. In den Händen schwenkten sie kleine weiße Flaggen mit dem Roten Kreuz darauf.

Sie bewiesen eine völlige Mißachtung ihrer eigenen Sicherheit.

Die Sanis beschäftigten sich ausgiebig mit Busch und taten, was ihnen möglich war. Sie versorgten Dempseys Beine mit erster Hilfe.

Beide Sanis spazierten dann hinaus ins Blickfeld des deutschen MG-Schützen, um Sgt. Bakalarski zu versorgen.

Kurze Zeit darauf traf ein deutsches Granatwerfer-Geschoß das Dach direkt über mir. Das Ziegeldach explodierte.
(Anmerkung: Höchstwahrscheinlich ein Panzerfaust-Geschoß, kein Granatwerfer! Denn auf deutscher Seite waren keine Granatwerfer vorhanden!)

Ich wurde mit einem Schwall von Ziegelbruchstücken und heißem Metall im Gesicht, Armen und Schulter überschüttet.

Das eingelagerte Heu über dem Wohnbereich entzündete sich in einem Flammenmeer. Wir mußten das brennende Gebäude verlassen.

Anscheinend warteten die Jerries *(die Deutschen)* nur darauf, uns einzeln abzuknallen, sobald wir rauszukommen versuchten.

Doc sprach mich an: „Warte `ne Minute!"

Ich wußte, was er beabsichtigte. Doc Trovant ging hinaus auf die Straßenmitte und beugte sich über Perrys Körper. Tat so, als ob er die Schußverletzungen genau untersuchte. Tatsächlich wollte er herausfinden, wo die Deutschen lauerten.

Er kam wieder herein und nannte uns den besten Weg, ohne gleich weggeputzt zu werden.

Doc und Red nahmen anschließend Wohnzimmertüren und benutzten die als Tragegestelle für unsere toten und verwundeten Kameraden *(buddies)*.

Dadurch zogen sie gewollt die Aufmerksamkeit der Deutschen auf sich, so daß der Rest von unserer Gruppe eine bessere Chance zum Entkommen hatte.

Zielinski und Hinman stürmten als erste durch die Flammen aus einem Fenster an der Rückseite des Hauses ins Freie. Der Qualm war so dicht, daß wir den hohen hölzernen Zaun, nur wenige Schritte entfernt, kaum erkennen konnten.

Dort gab es nur ein Hundeschlupfloch unten im Zaun. Leutnant Gill rutschte schnell hindurch, auch Foster schlüpfte durch. Aber sein Funkgerät war zu groß und paßte nicht durch das Loch. Er zog und zerrte, doch es ging nicht durch.

Weil die Flammen hinter mir immer heißer wurden, befahl ich ihm, das Funkgerät liegen zu lassen.

Als wir, die wir dem Gefecht *(struggle)* und dem Feuer entkommen waren, uns im Schutze des Qualms in Pevestorf zurückzogen, kamen uns auf der Straße langsam zwei Ambulanzen *(Sanitäts-Fahrzeuge)* entgegen. Sie passierten uns und fuhren weiter. Im Sichtschutz des Qualms betraten wir weiter rückwärts ein massives Steinhaus *(Haus Conrad)* gegenüber dem Haus, in welchem Captain Phillips den Gefechtsstand der I-Kompanie eingerichtet hatte. *(Gehöft Jirjahn, heute Hof Pengel)*

Weniger als eine Stunde später berichteten die Sanis uns folgendes:
Die beiden Ambulanzen fuhren langsam weiter. Beim brennenden Gebäude angekommen, wurden Doc, Red und die Ambulanz-Fahrer schnell von Deutschen umzingelt. Ihr Englisch sprechender Offizier befragte sie und drohte sie zu erschießen.
(Anmerkung: sehr unwahrscheinliche Behauptung!)

Doch Doc und Red ließen sich nicht abhalten, unsere Toten und Verwundeten in die Ambulanzwagen einzuladen.

Schließlich gab der Anführer *(Jerry leader)* nach und ließ Doc und Red mit den Ambulanzen zurückfahren, um für ihre toten und verwundeten Kameraden zu sorgen.

(Anmerkung: Möglicherweise wollte der deutsche Offizier die Ami-Sanitäter dazu bewegen, daß sie die schwerverwundeten Deutschen zur Behandlung durch amerikanische Feldärzte mitnehmen sollten.)

Doch die Sanis Doc und Red sprangen ab, als die Ambulanzen an unserer Unterkunft *(Gehöft Conrad)* vorbeifuhren.

Sie werden kaum geahnt haben, welch höllischer Kampf uns in Kürze bevorstand, der für meine Kameraden der I-Kompanie der blutigste des gesamten Krieges werden sollte. ..."

Der Feuerwechsel am 22. April 1945 am Dorfausgang Pevestorfs beim Haus Wolgast kostete der I-Kompanie *(b.z.w. derem 1. Zug)* folgende Verluste:

3 Gefallene -		4 Verwundete -	
Sgt. John L. Busch		Sgt. Edward J. Bakalarski	
Pfc. Fenton C. Perry		Sgt. Estes C. Dempsey	
Pfc. Charles D. Becker		Pfc. Andrew O. Reymond	
		Pfc. Arthur E. Cook	

Quelle Foto: Privataufnahme von Lieutenant **Bob Streeter**, Zugführer 2. Zug, I-Kompanie, 335. Rgt.

Pfc. *(Gefr.)* **Lawrence Seifner**
1. Zug *(platoon)*, I-Kompanie,
3. Bataillon,
335. Infanterie-Regiment,
84. US-Infanterie-Division.

Larry war mit der 2. Gruppe
(Squad) unter Sgt. *(Feldwebel)*
Busch in der Vorausabteilung
der I-Kompanie bei der Besetzung
von Pevestorf in das Abwehrfeuer
der deutschen Riegelstellung
beim Haus Wolgast geraten.

Foto: Mai 1945, Altenzaun / Elbe
Privatfoto von Sgt. Bill Brill

Pevestorf, Haus Wolgast, letztes Haus nördlich auf der linken Straßenseite.
Hinter diesem Haus, von den Höhen bis hinunter zur Straße, befand sich die deutsche Riegelstellung, die den Amerikanern den Weg zur Lenzener Elbfähre versperrte.

Foto: Mai 2002, Schwerdtfeger

The Massacre at Pevestorf

So bezeichneten die nach dem nächtlichen deutschen Gegenangriff entkommenen, aus Pevestorf geflüchteten und auch die im Hause Conrad eingeschlossenen Amerikaner der I- und M-Kompanien das Ereignis.

Die militärgeschichtlichen Abläufe der Kämpfe um den Höhbeck wurden im Buch „Kriegsende im Wendland. Brückenkopf Lenzen. Band II" bereits beschrieben. Jedoch zum besseren Verständnis detailliert und erweitert noch einmal die Ereignisse.

Was war geschehen?
Völlig überraschend kam der deutsche Gegenangriff für die Amerikaner.
Überraschend deshalb, weil in der US-Army vor einem Angriff das Zielgebiet üblicherweise durch Artillerie sturmreif geschossen wurde.
Hier aber griffen die Deutschen ohne Artillerie-Vorbereitung zugleich auf ganzer Dorflänge nachts um 1.45 Uhr am 23. April 1945 an.
Die I-Kompanie hatte sich am Vortage *(Sonntag, 22. April mittags)* gruppenweise in den Häusern des einen Kilometer langen Dorfes einquartiert.
Derart weit auseinander gezogen war das für einen Verteidigungsfall sehr ungünstig.
Überhaupt schienen die Amerikaner recht nachlässig und unvorsichtig gewesen zu sein. Anscheinend rechneten die Amis nicht mit ernsthaftem deutschen Widerstand, weil sie bisher von den Deutschen nur „Rückzugsgefechte zur Verzögerung des amerikanischen Vormarsches" gewohnt waren.
Am Sonntag, den 22. April war der Voraustrupp des 1. Zuges am Nordausgang von Pevestorf beim Hause Wolgast auf die deutsche Riegelstellung gestoßen.
Hatte dort beim Hause Wolgast drei Tote und vier Verwundete als Verluste hinnehmen müssen.
Trotzdem unternahm die Kompanieführung keinerlei Maßnahmen, um eventuelle deutsche Vorstöße aus dieser Riegelstellung abzuschirmen.
Weiterhin versäumte man sträflich, auf den Höhen des Höhbecks über dem Dorfe Posten aufzustellen. Möglicherweise deshalb, weil die Gefechtsstreifen-Grenze zwischen dem 1. und dem 3. Bataillon am östlichen Abhang des Höhbecks verlief.
Die Höhen westlich von Pevestorf gehörten also zum Gefechtsstreifen der C- und D-Kompanien, 1. Bataillon, 335. Regiment.
Aber man wird doch in der I-Kompanie bemerkt haben, daß am Abend des 22. April die Deutschen den Ort Brünkendorf erneut besetzt hatten. Dadurch waren die Höhen oberhalb Pevestorf wieder in deutscher Hand.
Unverständlich argloses Verhalten auf Seiten der I-Kompanie, 335. Regiment.
Ohne jede Vorwarnung konnten deshalb die deutschen Stoßtrupps von den Höhen herab ins Dorf eindringen.
Der deutsche Angriff bewirkte dann die Flucht der I-Kompanie aus Pevestorf.
Nur die Gruppen *(squads)* in den Gehöften Conrad und Roost verpaßten den Rückzug aus unerfindlichen Gründen. Während die Amis im Hause Conrad einigermaßen glimpflich davonkamen, erlitten die beiden Gruppen des 4. Zuges im Hause Heinrich Roost die härtesten Attacken der deutschen Angreifer.
Nach Berichten der im Nachbargehöft Conrad eingeschlossenen Amis hörten die über eine längere Zeit viele Explosionen von Panzerfäusten und Handgranaten und Schießerei mit automatischen Handfeuerwaffen am Gehöft Heinrich Roost.

Beim deutschen Nachtgegenangriff auf Pevestorf am 23. April 1945 wurden 18 Amerikaner im Hause des Bauern Conrad eingeschlossen.

Die Situation:

Am Sonntag, den 22. April 1945, waren zwei Gruppen *(squads)* des 3. Zuges *(platoon)* der I-Kompanie in das Haus Conrad eingezogen. Darüber hinaus waren die restlichen Männer der Gruppe vom 1. Zug ebenfalls in diesem Hause untergekommen.
Beim Feuergefecht um die Mittagszeit beim Hause Wolgast waren 3 Mann der 2. Gruppe *(squad)* gefallen und 4 Mann waren mehr oder weniger schwer verwundet worden. Höchstens 4 Mann waren von dieser Gruppe, welche die Spitze der I-Kompanie gebildet hatte, einsatzbereit übriggeblieben.
Dann blieben auch noch die 2 unbewaffneten Sanitäter „Doc" und „Red" im Hause Conrad. So befanden sich insgesamt 18 Amerikaner im Hause.
Jenseits der Straße im Hause Jirjahn (heute Hof Pengel) befand sich der Gefechtsstand der I-Kompanie. Der KompanieFührer, Captain *(Hauptmann)* Phillips, war am Abend zum Bataillons-Gefechtsstand in Gartow gefahren und dort geblieben.

Pevestorf, Haus der Familie Conrad, am 24. April 1945
Der Splitterschutz aus Holzbalken vor den Fenstern des Luftschutzkellers im Untergeschoß ist zu diesem Zeitpunkt noch nicht entfernt worden.
Die beiden Birnbäume links und rechts von der Eingangstreppe blühen bereits.

Quelle Foto: Privataufnahme von Pfc. Rodney Bond, 3.Zug, I-Kompanie, 335.Regiment

Pfc. *(Ogfr.)* **Rodney Bond,** 3. Zug, berichtet von seinen Erlebnissen :

„... Abwechselnd standen wir Wache hinter den zerbrochenen Fensterscheiben und
Türen. Die Abenddämmerung kam und die nun eintretende Ruhe gegenüber der
lärmigen Verrücktheit der vergangenen paar Stunden bildete einen krassen Gegensatz.
Aber spät in der Nacht brach plötzlich die Hölle los.
Später erfuhr ich, daß es 1 Uhr 45 gewesen ist. Die Deutschen unternahmen
überraschend einen Nachtgegenangriff. Sie griffen ohne vorherige Artillerie-
Unterstützung an, deshalb wurden wir völlig überrascht. Denn, sobald wir selbst einen
Angriff starteten, schoß vorher unsere Artillerie oder Granatwerfer *(mortars)* das
Angriffsziel sturmreif.
Woran ich mich bei diesem Nachtangriff hauptsächlich erinnere, wird wohl einzigartig
in den Annalen unserer Divisionsgeschichte sein.
Im Mondlicht näherte sich unserem Haus eine kleine Herde von Kühen, gefolgt von
einer Gruppe deutscher Soldaten. Die Kühe muhten, die deutschen Soldaten brüllten
sich Befehle zu. Es folgte ein unbeschreibliches Durcheinander mit Geknatter von
Gewehrfeuer, explodierenden Handgranaten und Panzerfäusten. Ein Panzerfaust-
Geschoß kam durch die geöffnete Haustür und explodierte an der Treppe im Hausflur.
Seltsamerweise wurde nur ein Mann leicht verwundet, aber die Abwärtstreppe zum
Keller war zertrümmert. Es war hinterher eine Turnerei, um über die zerstörte Treppe
in den Keller zu gelangen.

Pfc. *(Ogfr.)* **Rodney Bond**
3. Zug, I-Kompanie
335.Regiment,
84. US-Infanterie-Division

Rod war in seiner Gruppe
der „bazooka"-Schütze

Quelle Foto:
Privataufnahme von Rodney Bond

Die Schießerei auf der ganzen Länge des Dorfes zog sich wenigstens zwei Stunden hin. Unsere Artillerie und besonders die Granatwerfer schossen Sperrfeuer auf unsere Köpfe, um die angreifenden Deutschen zu stoppen. Granaten explodierten in den Gärten und auf den Höfen.

Mehrere Gebäude im Ort standen in Flammen. Auf der Nachbarfarm auf unserer Straßenseite *(Gehöft Roost)* tobten besonders harte Kämpfe. Da explodierte eine Panzerfaust nach der anderen. Automatische Handfeuerwaffen ratterten pausenlos. Und mittendrin landeten die Granaten unserer Artillerie und Werfer.

Wir verteidigten uns so gut wie es ging.

Sobald ein Deutscher über die Mauer auf unseren Hof springen wollte, wurde er durch Gewehrfeuer davon abgebracht. Wir warfen Handgranaten hinter die Hofmauer auf die Straße, wo wir lauernde Deutsche vermuteten.

Dann verlagerte sich der Kampfeslärm nach Restorf, und nur noch vereinzeltes Gewehrfeuer war in Pevestorf zu hören. Ich kann mich nicht erinnern, ob unsere Artillerie da noch weiter auf Pevestorf gefeuert hat.

Inzwischen mußten wir feststellen, daß wir in unserem Hause allein geblieben waren. Alle anderen hatten sich, von uns unbemerkt, aus Pevestorf zurückgezogen. Niemand hatte uns benachrichtigt. Wir waren vom Feind eingekreist und von unserer Einheit abgeschnitten.

Aus der Einkreisung auszubrechen schien nicht möglich, weil der Feind nur darauf wartete, uns zu erledigen, sobald wir die sichere Deckung verließen. ..."

Pfc. *(Ogfr.)* **Lawrence** *(Larry)* **Seifner**, 2. Gruppe *(squad)*, 1. Zug *(platoon)*, I-Kompanie, berichtet vom deutschen Nachtgegenangriff und von seiner Anwesenheit im Hause der Familie Conrad:

„.... Hunderte von Jerries *(Deutsche)*, die als Versprengte eingesammelt und zu einer Kampfeinheit aufgestellt worden waren, machten Pevestorf für uns zu einem teuren Einkauf.

Alle Leute der I-Kompanie, mit Ausnahme unserer nur in in Gruppenstärke vorhandenen Mannschaft im Hause *(Conrad)*, wurden aus Pevestorf hinausgetrieben, zurück nach Restorf und sogar bis nach Gartow.

Im Verlauf der Nacht verbrannten die Jerries *(Deutsche)* unsere sämtlichen Kompanie-Papiere, kesselten uns ein und schnitten uns von unserer Einheit ab. Man hatte uns nicht informiert, daß die anderen sich zurückzogen.

Unsere gruppenstarke Mannschaft *(squad sized group)* und eine andere Gruppe *(squad)* irgendwo die Straße runter wurden als einzige in Pevestorf zurückgelassen.

Die Jerries besaßen überwältigende Feuerkraft und zahlenmäßige Überlegenheit. Wir hatten keine automatischen Waffen. Wir hatten keine Funkverbindung zu anderen Gefechtsposten. Die Deutschen brachten uns die Hölle.

Nach Stunden des Angriffs schienen sie sich zurückzuziehen.

Ich mochte das überhaupt nicht, war hellwach, obwohl ich über mehrere Tage keinen richtigen Schlaf gefunden hatte.

Plötzlich reflektierte ein Blitz im Fensterglas nahe bei mir. Ich sprang auf und drehte mich weg. Das deutsche Panzerfaustgeschoß traf die Zarge der offenen Hauseingangstür. Der Explosionsdruck warf mich gegen eine Wand und Fensterrahmen. Es traf mich hart am Kopf. Als ich dann wieder zu mir kam, versuchten Foster und Leutnant Gill mir zu helfen.

Ich hatte ein schreckliches Gefühl in der Leistengegend. Mir war vom Bauch her übel.
Meine Hose war zerrissen von der Hüfte abwärts bis zu den Stiefeln.
Doc *(einer der beiden Sanis)* entfernte einen Metallsplitter aus meinem Bein.
Die ganze Zeit konnten wir uns auf die Erste-Hilfe-Versorgung durch unsere Sanitäter
verlassen.
Während der Nacht sprang Sgt. Albert A. Clegg mehrmals hinaus und warf
Handgranaten über die Begrenzungsmauer auf die dahinter lauernden Deutschen.
Aber dann gingen ihm die Handgranaten aus. Wir hatten keine automatischen Waffen
zur Verfügung. Wir hatten keine Funkverbindung. Wir hatten fast keine Munition
mehr. Ich hatte weniger als ein Magazin Patronen in meinem Gewehr übrigbehalten.
Wir wären wegen Munitionsmangels nicht imstande gewesen, einen möglichen
weiteren Angriff der Deutschen abzuwehren. ..."

Pfc. *(Ogfr.)* **Lawrence Seifner**,
2. Gruppe, 1. Zug,
I-Kompanie, 335. Regiment

Quelle Foto:
Privataufnahme von Sgt. Bill Brill

Sergeant Bill Brill, 1. Gruppe *(squad)*, 2. Zug *(platoon)*, I-Kompanie, berichtet über seine Flucht aus Pevestorf und vom blutigen Desaster vor Restorf:

„... Als letzte verließen Bill Huber und ich das Haus *(Fam. Günter Lütke, letztes Haus rechts der Straße)* und liefen in die nassen Wiesen nach Osten. Bis wir auf einen wassergefüllten Graben stießen. An dem liefen wir in Richtung Süden entlang, ohne ihn zu überqueren. In der Dunkelheit erkannten wir nicht einen querverlaufenden Stacheldrahtzaun *(barbed wire)* und verletzten uns beide daran leicht.
Wir fürchteten die ganze Zeit, von den Jerries *(den Deutschen)* im Feuerschein brennender Gebäude oder im Mondschein entdeckt zu werden. Doch wir hatten Glück und wurden nicht beschossen. Von unserer Ausrüstung besaßen wir lediglich unsere Helme und Handfeuerwaffen. Ich hatte einen Karabiner M1 und Bill Huber seine BAR *(Browning Automatic Rifle = leichtes MG)*. Unser Gepäck war im Hause zurückgeblieben und, wie sich später herausstellte, für immer verloren.
Unsere Artillerie und Granatwerfer *(mortars)* schossen Sperrfeuer auf Pevestorf. Dadurch herrschte ein Höllenlärm. Das Knattern von Handfeuerwaffen nahm stundenlang kein Ende, war aber vergleichsweise leise zum Lärm der pausenlos explodierenden Artillerie-Granaten. Verirrte Kugeln und Querschläger surrten manchmal zu uns herüber, trafen uns jedoch nicht.
Ständig am Wassergraben entlang laufend erreichten wir dann die Straße zum Nachbarort *(Restorf)*. Im seitlich der Straße verlaufenden flachen Graben rannten wir dann geduckt weiter in Richtung des Nachbarorts *(Restorf)*.
Von dort schossen die Granatwerfer *(mortars)* pausenlos in Richtung Pevestorf.
Am Ortsrand angekommen forderte eine Stimme uns auf, die Parole zu nennen. Aber wir hatten keine Kenntnis, ob überhaupt eine Parole zur Erkennung ausgegeben worden war. Denn in den vergangenen Tagen hatte man auf die Ausgabe von Parolen völlig verzichtet.
Nachdem man uns herangelassen hatte, fragte ich nach Leuten meiner I-Kompanie. Wir beide, Huber und ich, wurden dann weiter ins Dorfinnere geschickt, wo wir bald unseren Zugführer Lieutenant Bob Streeter und ein paar andere aus unserer Kompanie fanden. Bis dahin herrschte noch nächtliche Dunkelheit. Erst schwach erhellte die Morgendämmerung den Horizont im Osten.
Bald darauf war die Stoßtruppe der Jerries *(Deutsche)* herangekommen. Es begann ein ratterndes Feuern unserer MG.s und das Schießen unzähliger Gewehre und Mpi.s. Die Werfer-Gruppen verlegten nun ihr Zielgebiet auf die Angreifer am Dorfeingang. Die Angriffsspitze der Deutschen drang auf der Straße in den Ort ein, blieb aber im Abwehrfeuer liegen.
Huber und ich hatten von Leuten der M-Kompanie Munition für unsere Waffen erbettelt. Wir sprangen dann in eine MG-Stellung.
Kurze Zeit danach setzte auch das Feuer unserer Artillerie ein und konzentrierte sich mit allen Batterien auf die westliche Ortsgrenze. Das gab uns selbst ein Gefühl relativer Sicherheit. Aber der deutsche Angriff brach in diesem Höllenfeuer zusammen.
Als es Tag wurde und die nächtliche Dunkelheit verschwunden war, sah ich die vielen zerschossenen Leichen auf dem freien Feld vor dem Dorf. Außer zwei Sanis *(medics)* der M-Kompanie, die das Feld nach Überlebenden absuchten, betrat kein Amerikaner das Schlachtfeld mit den vielen toten Deutschen. Mich befiel ein würgendes Gefühl von Übelkeit, das erst gegen Mittag wieder verschwand, als die Rückeroberung von Pevestorf im Schutz von Panzern mit der hinzugezogenen K-Kompanie begann. ...."

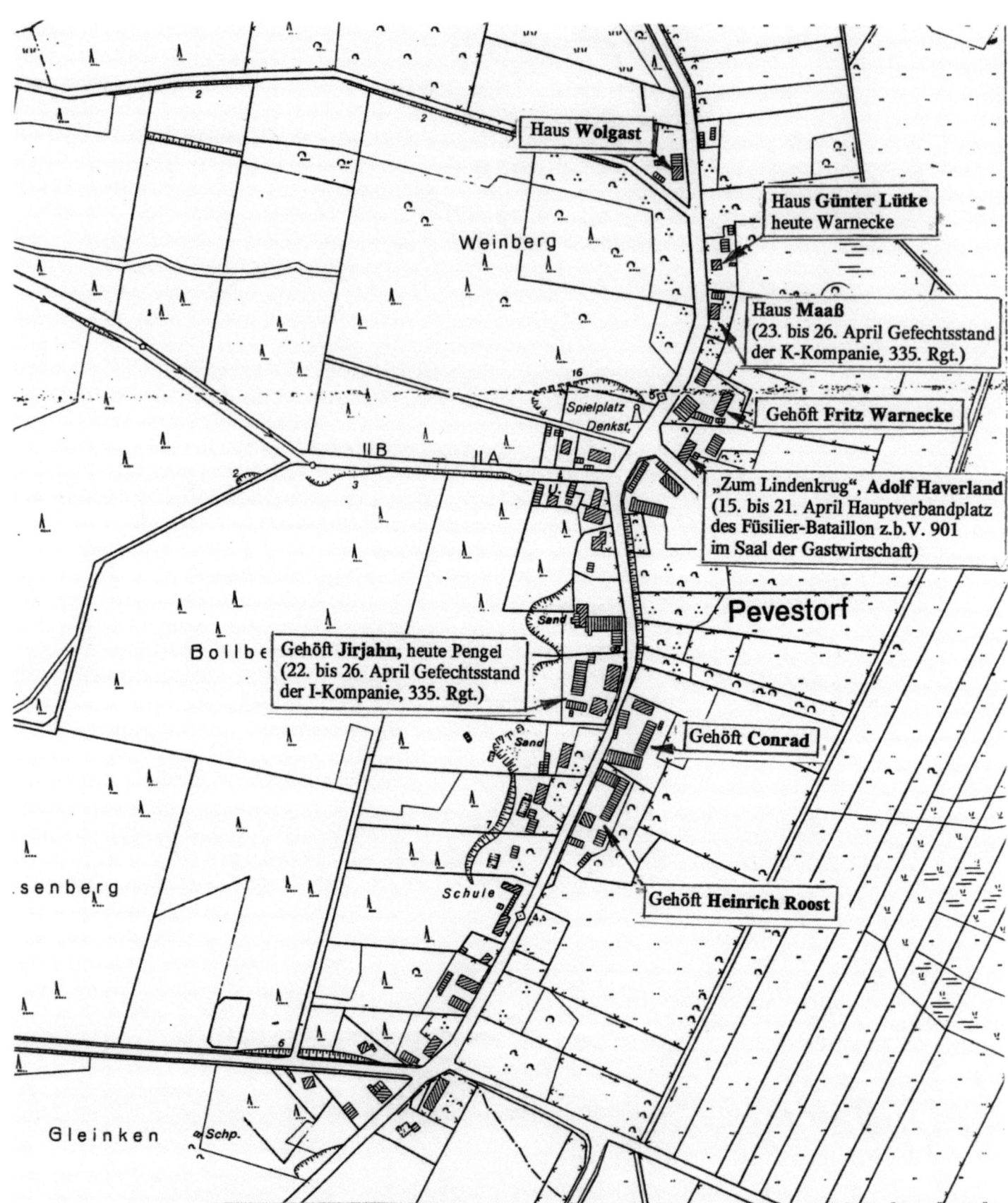

Pevestorf, Situationsplan, Maßstab: 1 : 5000

Eintragungen: Schwerdtfeger

Die Gruppe *(squad)* Sgt. Bill Brill, 2. Zug, I-Kompanie, 335. Rgt., war am Sonntag, 22. April 1945, im Hause Günter Lütke am nördlichen Dorfausgang rechts der Straße in Stellung gegangen.

Ohne Kenntnis zu haben, daß sie sich dort nur wenige Meter vor der deutschen Riegelstellung *(hinter Haus Wolgast)* befanden.
Im Hause Günter Lütke befanden sich auch noch: 1 vorgesch. Artillerie-Beobachter und 3 Mann mit sMG von der M-Kompanie. Diese 4 Mann sind die ersten gewesen, die noch während des deutschen Gegenangriffs geflüchtet sind.

Foto: Privat-Aufnahme von Sgt. Bill Brill

Jährliches Veteranentreffen der I-Kompanie, 84. US-Infanterie-Division, 1997
von links nach rechts: Lyndal Hagemeyer, Bill Brill, Bill Huber
Foto: Privatarchiv Lyndal Hagemeyer

Pvt. *(Schütze)* **Lyndal Hagemeyer**, 2. Zug, I-Kompanie, 335. Regiment, war mit der Gruppe *(squad)* Sgt. Bill Brill am 22. April 1945 im Hause Günter Lütke am nördlichen Dorfausgang rechts der Straße in Stellung gegangen.

Die Gruppe im Hause Günter Lütke wurde beim deutschen Nachtangriff zwar heftig mit Handfeuerwaffen beschossen, aber das Haus wurde nicht erstürmt.

Als sie merkten, daß sie abgeschnitten waren, entschlossen sie sich, einzeln nach Osten durch die sumpfige Niederung zu fliehen.

Lyndal flüchtete bei schwachem Mondlicht weit nach Südosten, durch den Restorfer See nach Quarnstedt und wurde von dort mit 50 bis 60 anderen Geflüchteten der I- und M-Kompanien völlig durchnäßt und steifgefroren weiter nach Gartow ins ehemalige RAD-Lager Hahnenberge zurück transportiert, wo die C-Kompanie des 309. Sanitäts-Bataillons die Hauptverbandstelle für das 3. Bataillon eingerichtet hatte. Dort erhielten sie trockene Kleidung und wurden wieder aufgewärmt.

Denn es herrschte leichter Nachtfrost. Temperaturen befanden sich jedenfalls nachts unter null Grad Celsius. Das Wasser in den Entwässerungsgräben und im Restorfer See hatte leichte Eisbildung an der Oberfläche.

Lyndal Hagemeyer sprach wenig später mit Leuten des 4. Zuges, die auch auf dem Hofe des Bauern Heinrich Roost Quartier bezogen hatten, aber im Verlauf des deutschen Angriffs vom brennenden Hof unverletzt flüchten konnten.

Lyndal Hagemeyer schreibt, was er von einem der Männer des 4. Zuges gesagt bekam und was er darüber in seinem Tagebuch detailliert notiert hat.
Er berichtet also, was er vom „Hörensagen" kennt, nicht vom eigenen Erleben.
(in Deutschland neigt man dazu, den englischen Ausdruck „oral history" zu gebrauchen!)
Vier Mann des 4. Zuges hatten sich im Pferdestall *(stable)* des Hofes Roost einquartiert: Pfc. William Bennett und weitere 3 Mann, deren Namen *(außer dem des Donald Howard)* nicht festgehalten wurden.
William Bennett erzählte Lyndal Hagemeyer seine Erlebnisse wie folgt:

„... Wir hatten uns müde und erschöpft im Heu schlafen gelegt. Nur Donald Howard hatte Wachdienst.

Aufgeschreckt erwachten wir, als in der Nacht eine heftige Schießerei begann.

Es wurde zugleich auf der ganzen Dorflänge geschossen. Die Deutschen unternahmen einen nächtlichen Gegenangriff ohne Artillerie-Vorbereitung. Dadurch wurden alle Männer der I-Kompanie völlig überrascht. Die Feindliche Mannschaft stürmte gruppenweise von der Höhe des Hügels herab, befand sich dann jenseits der Straße und griff unseren Hof *(farm yard)* konzentriert an. Sie feuerten Panzerfäuste in die Fenster des Wohnhauses. Sehr schnell begann es zu brennen. Anscheinend löschten unsere Leute die Feuer einige Male. Aber dann warfen die Deutschen auch noch Handgranaten durch die Fenster des Hauses.

Bald löschte den innen sich ausbreitenden Brand niemand mehr.

Eine zeitlang kam aus dem brennenden Wohnhaus noch Gewehrfeuer zur Abwehr der Angreifer. Aber das war offenbar aufs Geratewohl in die Dunkelheit geschossen, ohne den Feind als Ziel zu erkennen.

Um den Feind vom Wohnhaus abzulenken, feuerten wir mit unseren Gewehren aus dem Stall in Richtung der Angreifer. Sofort flogen Schwärme von Kugeln mehrerer Mpi.s *(burb guns)* auf uns zu. Geschosse durchschlugen das Holz der Stalltore oder klatschten in die Backsteinwände *(brickstone walls)*. Wir mußten die Köpfe einziehen und kamen kaum noch aus der Deckung der Stallwände heraus.

Das Problem für die angreifenden Deutschen war die Überquerung der Dorfstraße, der Vorgärten und der Höfe. Die Häuser in der Dorfmitte hatten teilweise Steinmauern als Begrenzung entlang unserer Straßenseite.

Die feindlichen Soldaten konnten die Begrenzungsmauer erreichen sobald sie die Straße überquert hatten. Doch wenn sie versuchten, über die Mauer zu springen, erwartete sie abwehrendes Gewehrfeuer.

Heftiger, pausenloser Beschuß von unserer Artillerie und Granatwerfern *(mortars)* auf Pevestorf zog sich über wenigstens eine Stunde lang hin. Ohne Unterbruch Explosionen. Abwechselnd feuerten die Ari-Batterien. Zugleich schossen mal sechs oder dann wieder nur vier Ari-Geschütze. Überall ringsum krachte es. Dazwischen das gefährliche Pfeifen der Werfer-Granaten. Doch wir achteten besonders auf Explosionen von Panzerfäusten und Handgranaten der Deutschen in der näheren Umgebung. Ich fürchtete, daß irgendwann eine Granate unserer Artillerie das Stalldach durchschlagen könnte, doch gottseidank geschah das nicht *(Lord be praised)*. Wo befanden sich die übrigen Kameraden unseres 4. Zuges? In der Scheune waren mindestens drei Mann einquartiert. Von dort sahen oder hörten wir aber kein Abwehrfeuer.

Bald darauf stürzte das brennende Haus in sich zusammen, und brannte danach weiter. Wir glaubten, daß die Kameraden *(buddies)* im Hause sich vor dem Einsturz zurückziehen konnten und beschlossen, ebenfalls den Rückzug anzutreten.

Wir fürchteten, daß der Stall *(stable)* und die benachbarte Scheune *(barn)* auch von den Flammen erfaßt werden konnten.

Als wir vier den Stall auf der Rückseite verließen, hatten die übrigen Gebäude des Bauernhofes *(farm yard)* noch kein Feuer gefangen.

Von drei Seiten hatten uns die Deutschen *(Jerries)* umzingelt. Es blieb nur der Weg hinunter in die sumpfigen Wiesen der Niederung.

Bald stießen wir auf einen querverlaufender Entwässerungsgraben, der randvoll mit Wasser gefüllt war. Obwohl die Deutschen uns auf der Wiese im Feuerschein brennender Gebäude hätten entdecken können, wurden wir nicht beschossen.

Am Wassergraben entlang rannten wir nach Süden bis zur Straße zum Nachbarort Restorf. Bis auf unsere Gewehre und Helme blieben die Ausrüstung und unsere persönlichen Sachen in Pevestorf zurück.

Noch bei nächtlicher Dunkelheit in Restorf angekommen, wurden wir von Offizieren mit der Frage angebrüllt, wer uns den Befehl zum Rückzug aus Pevestorf gegeben habe. Wir vier konnten nicht mehr auf die Frage mit Ausreden antworten, denn da erschien auch schon die feindliche Stoßtruppe vor Restorf und wir wurden sofort zur Verteidigung eingesetzt. Dann brach die Hölle los, nicht abreißendes Ari-Feuer.

Der deutsche Angriff brach dann im Artilleriefeuer vor und in Restorf zusammen. Wir mußten danach auf die Panzer warten. Die erschienen erst mittags *(high noon)*. Mit der hinzugezogenen K-Kompanie erfolgte der Gegenangriff zur Rückeroberung von Pevestorf hinter den vorausfahrenden Panzern. Doch die Deutschen hatten sich inzwischen aus Pevestorf abgesetzt.

Auch die anderen Gebäude auf dem Hofe, den wir verteidigt hatten, waren niedergebrannt. Damit war unsere gesamte Ausrüstung und unsere Privatsachen *(Briefe und Fotos)* eine Beute der Flammen geworden und endgültig für immer verloren. Zu dem Zeitpunkt wußten wir noch nicht, daß unsere Kameraden *(buddies)*, die im Wohnhaus gekämpft hatten, als vermißt galten. Genausowenig wußten wir, wo die übrigen Leute der I-Kompanie geblieben waren. Denn in Restorf war mit uns vier Mann nur ein kleiner Teil der Kompanie angekommen. ..."

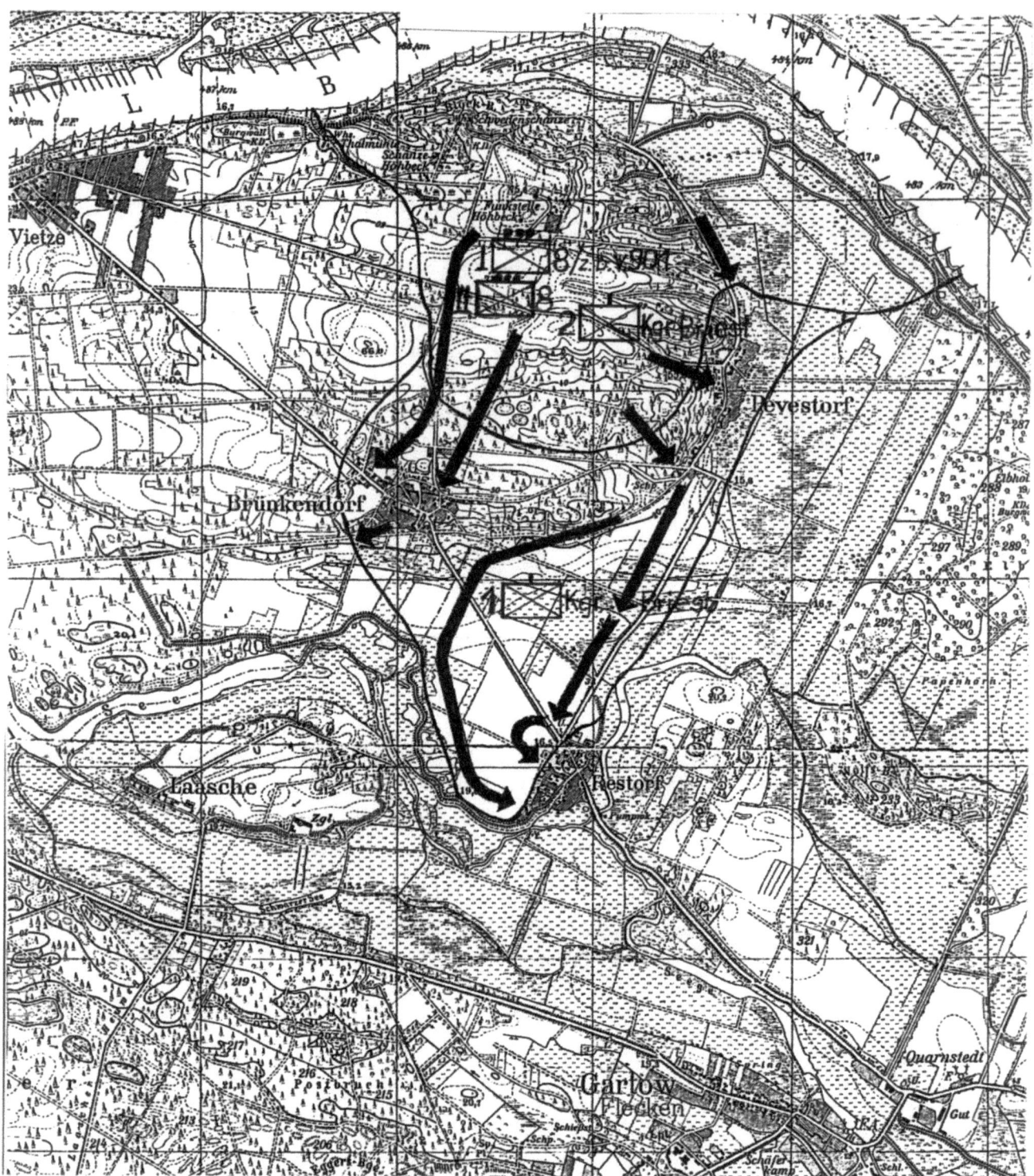

Deutscher Gegenangriff zur Rückeroberung von Pevestorf und Restorf.
23. April 1945, Angriffsbeginn um 1,45 Uhr.

Ein Stoßtrupp der 8. Kompanie, Füsilier-Bataillon z.b.V. 901, hatte am Abend des 22. April
in harten Nahkämpfen die Amerikaner der C- und D-Kompanien (1. Bn., 335.Rgt.) aus
Brünkendorf hinausgetrieben und den Ort wieder eingenommen. Dadurch erhielt die
Kampfgruppe „Briest" Flankenschutz für deren Überraschungsangriff, der nur wenige Stunden
später (am 23. April, um 1,45 Uhr) startete.

Kartenskizze: Schwerdtfeger

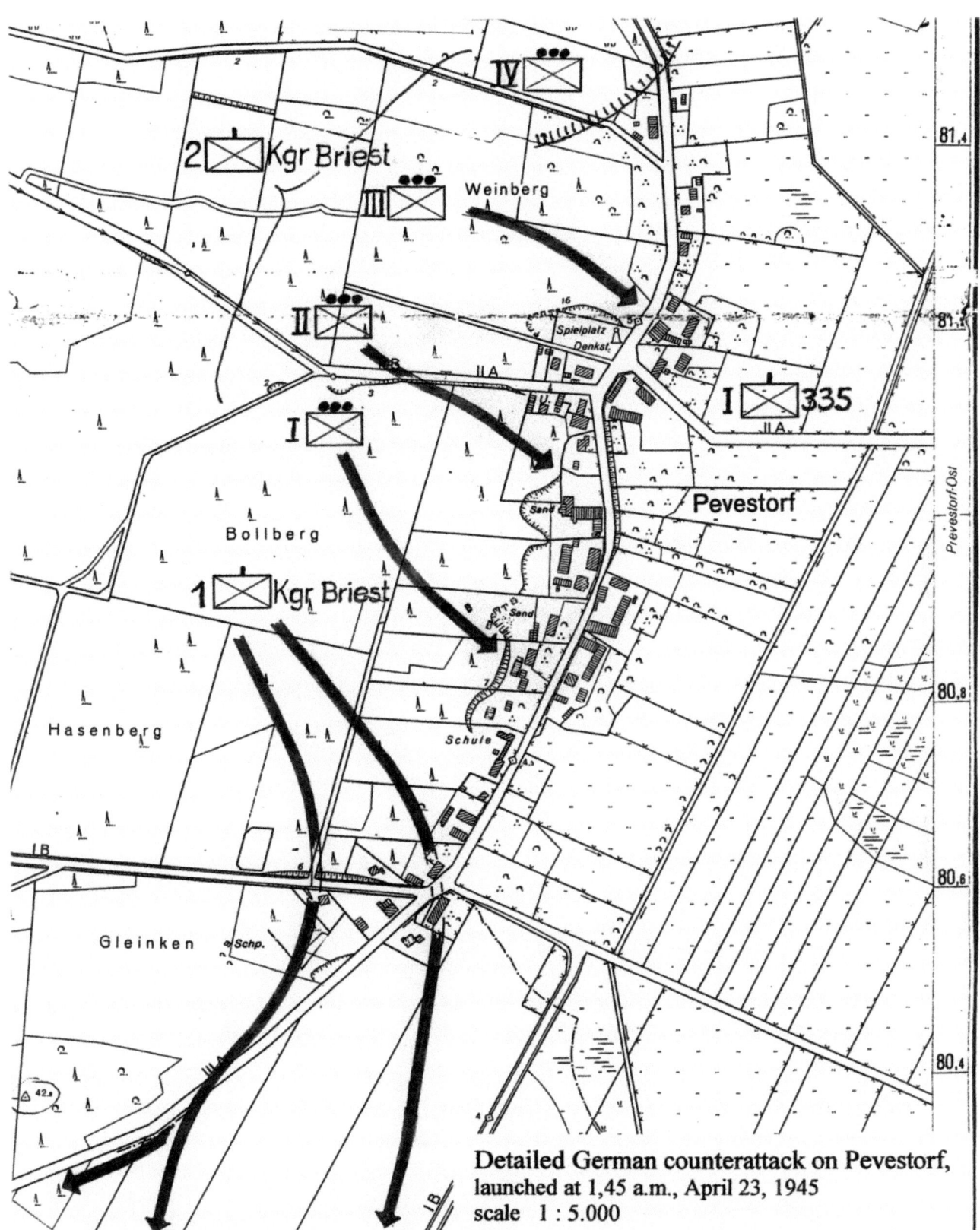

Detailed German counterattack on Pevestorf,
launched at 1,45 a.m., April 23, 1945
scale 1 : 5.000

Gegenangriff der Kampfgruppe „Briest" zur Rückeroberung von Pevestorf. 23. April 1945, Angriffsbeginn um 1,45 Uhr.

Die Amerikaner der I- und M-Kompanien (3. Bn., 335.Rgt.) wurden aus Pevestorf hinausgetrieben und der Ort mit Ausnahme von Haus Conrad, in dem sich 18 Amerikaner verschanzt hatten, wieder besetzt.

Kartenskizze: Schwerdtfeger

Pevestorf, 26. April 1945,
niedergebrannte Scheune des Bauernhofes Conrad, mit Blickrichtung von der Dorfstraße zum
Elbholz.
Die zwei verbrannten Jeeps und Trailer sind zu diesem Zeitpunkt auf der erfolglosen Suche
nach den sieben vermißten Amerikanern halbwegs vom Trümmerschutt freigeräumt worden.

Nach der <u>Vermutung</u> von Pfc. Rodney Bond sind am frühen Morgen des 23. April mindestens
eine oder mehrere Artilleriegranaten in den hinteren Teil der brennenden Scheune
eingeschlagen, wodurch die Mauern nach außen gesprengt wurden.
Rodney meinte, es könnte amerikanische Artillerie gewesen sein, die auf die brennende Scheune
feuerte, weil ihr Sprechfunkgerät mit neuen Batterien versehen werden mußte, und erst wieder
funktionsbereit war, als die Scheune bereits lichterloh brannte. Erst mit der Meldung über
Sprechfunkgerät erfuhren die Gefechtsstände in Gartow, daß sich da noch eigene Leute im Haus
der Farm Conrad befanden. Weil die Artillerie dauernd auf die Höhen feuerte, habe er im Hause
nicht bemerkt, ob Granaten auch in der Nähe einschlugen.
<u>Aber das ist lediglich eine vermutete Annahme des Pfc. Rodney Bond, nicht bewiesen, deshalb
fraglich.</u>

Foto: Privataufnahme von Lt. (Leutnant) Bob Streeter, Zugführer 2. Zug, I-Kompanie, 335. Infanterie-Regiment.

Pevestorf

In den Trümmern dieses Gehöftes der Familie **Heinrich Roost** starben und verbrannten am 23. April 1945 morgens beim deutschen Gegenangriff sieben amerikanische Soldaten vom 4. Zug, I-Kompanie, 335. Inf.-Rgt., 84. US-Infanterie-Division.

Quelle Foto: Privataufnahme von Leutnant **Bob Streeter**, Zugführer 2. Zug, I-Kompanie, am 26. April 1945, kurz bevor seine Einheit nach Osterburg verlegt wurde.

Die Trümmer scheinen zu dem Zeitpunkt längst von der 611th War Graves Registration Company auf der Suche nach den sieben vermißten Amerikanern durchwühlt worden zu sein. Offenbar sind hier im Hause oder in den angrenzenden Gebäuden die vermißten sieben Amerikaner bis zur Unkenntlichkeit verbrannt, so daß deren Leichen nicht identifiziert werden konnten.

Pevestorf, 26. April 1945

Die Ruinen des völlig zerstörten Bauernhofes von **Heinrich Roost,** von der Dorfstraße aus gesehen. <u>Hier fanden die heftigsten Gefechte am 23. April 1945 beim nächtlichen deutschen Gegenangriff statt.</u> In diesen Trümmern kamen die sieben Amerikaner des 4. Zuges zu Tode und die Körper verbrannten bis zur Unkenntlichkeit, so daß deren Identifikation nicht möglich war.

Quelle Foto: Privataufnahme von Leutnant Bob Streeter, Zugführer 2. Zug, I-Kompanie, 335. Infanterie-Regiment, 84. US-ID. Kurz vor dem Abrücken des 335. Rgt. Nach Osterburg / Altmark.

Auf dem Foto vor dem halbzerstörten Wasch- oder Backhaus mit eingestürztem Ziegeldach ist neben dem Amerikaner eine ältere, schwarzgekleidete Dame zu erkennen. Ob es sich hier um die Mutter von Heinrich Roost handelt, ist nicht mehr zu ermitteln. Die Eltern des Bauern Heinrich Roost wohnten im Altenteil gegenüber. Demzufolge muß dieses Foto kurz vor Zwangsevakuierung der Pevestorfer aufgenommen worden sein, denn danach waren alle Zivilisten aus Pevestorf verschwunden. Falls die Pevestorfer Zivilbevölkerung bereits am 24. oder 25. April zwangsevakuiert wurde, dann nahm Leutnant Bob Streeter diesen Schnappschuß vor dem 26. April 1945 auf. Jedenfalls qualmte der Brandschutt bei der Aufnahme nicht mehr.

Faksimile: Verlustmeldung der I-Kompanie für den Monat April 1945
Quelle Dokument: National-Archiv Washington

APO 84, c/o PM
New York, New York
30   April 1945

SUBJECT: Historical Data of Company "I".

TO   : Historian, 335th Infantry, APO 84, U.S. Army

1. The Commanding Officer of Company I, for the month
of April 1945. Captain Charles E. Phillips.

2. Losses in Action for month of April 1945, Company
"I", 335th Inf., are as follows:

KILLED IN ACTION

Pfc Joseph L. Stewart 6 Apr 45
Pfc John J. Cherivassi 7 Apr 45
Sgt Edward C. Donaldson 8 Apr 45
Pfc James E. Hockaday   8 Apr 45
Sgt John L. Busch   22 Apr 45
Pfc Fenton C. Perry   22 Apr 45
Pfc Charles D. Becker 22 Apr 45

MISSING IN ACTION

Pfc Daniel Cortez   24 Apr 45
Pfc Raleigh Bowling   24 Apr 45
Pfc Harold P. Bakerman 24 Apr 45
Pfc Edward J. Proctor   24 Apr 45
Pfc James E. Courtney   24 Apr 45
Sgt Willis C. Pritchard 24 Apr 45
Sgt John Garrison   24 Apr 45

WOUNDED IN ACTION

Pfc Clyde E. Cotner   5 Apr 45   Sgt Edward J. Bakalarski
 Sgt Vaulton D. Shelby   5 Apr 45   5 Apr 45 + 22 Apr 45
Pfc Joseph A. Spitznagel 5 Apr 45   Pfc Paul Aguilar 21 Apr 45
Sgt James L. Brown   5 Apr 45   Sgt Estes C. Dempsey 22 Apr 45
Pfc Henry C. Doty   6 Apr 45   Pfc Andrew O. Raymond 22 Apr 45
Pfc Jack W. Heim   7 Apr 45   Pfc Arthur E. Cook   22 Apr 45
Pfc Joseph G.A. Garon   9 Apr 45   Pvt Donald C. Howard 23 Apr 45
Pfc Peter O. Peloquin   9 Apr 45   Pfc Royce C. Carter   24 Apr 45
Pfc Charles H. Clegg   11 Apr 45
Pfc Charles B. Starr   30 Apr 45

(1)

Zur Verlustmeldung der I-Kompanie, Monat April 1945

Als der nächtliche deutsche Gegenangriff um 1.45 Uhr auf ganzer Dorflänge begann und die Amerikaner in Pevestorf dadurch völlig überrascht wurden, ergriff bald die Mehrzahl der Amis panikartig die Flucht. Da gab es keinen geordneten Rückzug. Einzeln und in kleinen Gruppen rannten die Männer ins Wiesengelände nach Osten, strebten möglichst weit weg von den inzwischen im Dorf entstandenen Bränden, die in der Dunkelheit die Flüchtenden sichtbar machten.

Sie stolperten in die bis zum Rand mit Wasser gefüllten Entwässerungsgräben, durchwateten in größter Eile den brusttiefen Restorfer See und gelangten schließlich vollständig durchnäßt zur Deichstraße Restorf-Quarnstedt und sogar bis Quarnstedt. Die nächtliche Lufttemperatur lag um die Null Grad Celsius. In den Nächten vor dem 23. April 1945 und auch danach gab es Bodenfrost. Schlotternd vor Kälte wurden die durchnäßten Soldaten schließlich in Munitionsfahrzeuge geladen und über Quarnstedt nach Gartow transportiert. Im ehemaligen RAD-Lager Hahnenberge hatte die Sanitätsabteilung der C-Kompanie des 309. Sanitäts-Bataillons den Hauptverbandplatz eingerichtet. Dort wurden die unterkühlten Amis aufgewärmt. Die hier landeten, waren auf unbestimmte Zeit nicht mehr einsatzbereit.

Das war eine Ansammlung von ungefähr 50 Amis. *(Aussage von Pvt. Lyndal Hagemeyer)*

In Pevestorf zurückgelassen und eingekesselt blieben 18 Mann im Hause Conrad und wie sich später herausstellte ein Mann, Sgt. Hendricks, versteckt unter dem Dach im Hause des Bauern Wilhelm Siems. *(Aussage: Pfc. Rodney Bond + Sgt. Bill Brill)*
Insgesamt 19 Mann blieben also abgeschnitten in Pevestorf zurück.

Ein kleinerer Teil der I-Kompanie rannte vor den verfolgenden deutschen Angreifern her an der Straße entlang im Schutz des Straßengrabens nach Restorf, stolperte nicht in die Entwässerungsgräben und war dadurch nicht durchnäßt. In Restorf angekommen wurden ihnen von Offizieren Kriegsgerichts-Verfahren angedroht, weil sie ohne Befehl aus Feigheit *(cowerdice)* den Rückzug angetreten hatten. *(Anmerkung: Widerstrebend gemachte Aussagen von Sgt. Bill Brill und Pfc. Bill Huber)*
Sie wurden aufgefordert, sofort umzudrehen und wieder nach Pevestorf zurückzu-kehren. Aber da waren die deutschen Stoßtrupps bereits vor Restorf angekommen. Deshalb mußten diese Leute der I-Kompanie den Männern der M-Kompanie helfen, den deutschen Angriff auf Restorf abzuwehren. *(Aussage: Lt. Bob Streeter)*
Diese in Restorf gelandete Gruppe Amis hatte etwa die Stärke eines Zuges *(40 Mann)*, höchstens waren es aber 50 Mann. *(Aussage: Sgt. Bill Brill)*

Gegen Mittag des 23. April 1945 erfolgte dann der amerikanische Gegen-Gegenangriff zur Rückeroberung von Pevestorf mit der herangeholten K-Kompanie und Hinzuziehung von einem Zug Panzer (4 x M4).
Die nach Restorf geflüchteten Männer der I-Kompanie, etwa 40 Mann, nahmen ebenfalls an diesem Gegenstoß teil. *(Aussage: Lt. Bob Streeter)*
An der Straße zwischen Restorf und Pevestorf beschoß amerikanische Artillerie irrtümlich die eigene Infanterie. Alle Verluste der K-Kompanie (einschließlich der gefallene Ari-Beobachter Sgt. Parker), wurden durch eigene Artillerie verursacht. *(Aussage: Communication-Sergeant Allan Howerton, K-Kompanie)*
Die Deutschen hatten sich aber aus Pevestorf zur Elbe abgesetzt.
So trafen die Amerikaner bei der Wiederbesetzung von Pevestorf auf keinen deutschen Widerstand, obwohl dabei noch ausgiebig mit Artillerie, Granatwerfern, Panzern und Handfeuerwaffen herumgeschossen wurde.

Weil der im Hause des Bauern Jirjahn am 22. April eingerichtete Gefechtsstand der I-Kompanie bei der Durchsuchung durch die deutschen Angreifer verwüstet worden war, wobei alle Kompanie-Papiere verbrannt oder vernichtet worden sein sollen *(Aussage: Pfc. Larry Seifner)*, fehlten somit auch die Personal-Bestandslisten der Kompanie.

Wegen der in viele Richtungen versprengten Mannschaft der I-Kompanie konnten bis zum Abend des 23. April 1945 die durch den deutschen Gegenangriff verursachten Verluste nicht ermittelt werden.
Erst am nächsten Tag, 24. April 1945, war die Nachforschung beendet, Zählung durchgeführt und die Verlust-Zahlen waren bekannt.
So entstand in der April-Verlustliste der I-Kompanie für die vermißten sieben Männer das falsche Datum 24. April und nicht der 23. April 1945.

Nun begann die Suche nach den vermißten sieben Mann.
Man wußte, daß zwei Gruppen *(squads)* des 4. Zuges *(platoon)* auf dem Hofgelände *(im Wohnhaus)* des Bauern Heinrich Roost am 22. April Quartier bezogen hatten.
Geschätzt 8 bis 10 Mann hatten den Kampf überlebt und waren entkommen.
Alle Gebäude des Hofes Roost waren in Flammen aufgegangen.
Unter Anleitung von Leutnant McIntire *(Zugführer 4. Zug)* durchsuchten die Überlebenden des 4. Zuges und auch andere aus der I-Kompanie die Trümmer und den Brandschutt nach ihren vermißten Kameraden. Die sehr verkohlten Leichen ihrer Kameraden fanden sie anhand metaller Ausrüstungsgegenstände im Brandschutt, ließen sie aber weitgehend unberührt. Die Bergung überließen sie den Profis.

Deshalb wurde vom 3. Bataillon des 335. Regiments der zuständige 2. Zug der 611. Kriegsgräber-Registrierungs-Kompanie *(611th War Graves Registration Company)* herangeholt. Der begann am 25. April 1945 die Suche nach den Vermißten.

(Anmerkung: Bei Kriegseintritt der USA gegen Deutschland, 11. Dezember 1941, hatte der damalige Präsident F. D. Roosevelt in einer Radio-Ansprache an sein Volk versprochen, daß kein amerikanischer Soldat, falls er in Deutschland zu Tode kommen sollte, in deutscher Erde begraben werde. Deshalb existiert auf deutschem Territorium keine Kriegsgräberstätte für gefallene Amerikaner.)

Doch selbst die erfahrenen Leute der 611th W G R Co fanden im Brandschutt an den verkohlten Leichen keine Erkennungsmarken. Das Feuer wird anscheinend extrem hohe Temperaturen gehabt haben.

(Anmerkung: Im Gegensatz zu deutschen Erkennungsmarken aus Leichtmetall sollen amerikanische Erkennungsmarken aus rostfreiem antimagnetischem Material mit eingestanzter Personal-Nummer gewesen sein. So hieß es jedenfalls. Aber Nirosta-Material besitzt einen sehr hohen Schmelzpunkt.. Die Temperatur des Feuers kann nicht so hoch gewesen sein, daß die EM bei diesem hochwertigen Material hätten schmelzen können. War das Material der EM vielleicht doch eine Leichtmetall-Legierung? Mit ungläubigem Staunen nimmt man zur Kenntnis, daß die Erkennungsmarken der Toten verschwunden waren.)

Die Überreste der sieben verbrannten Leichen wurden von der 611th W G R Co einzeln geborgen, nach Holland zum amerikanischen Militärfriedhof Margraten *(American Military Cemetery Margraten)* transportiert und dort vermutlich als unbekannte Gefallene *(unknown deads)* beerdigt. Ohne Identifizierung durch ihre Erkennungsmarken galten die sieben gefallenen Amerikaner vorläufig noch als vermißt, nicht als tot.

Pevestorf, Gehöft der Familie Roost, nach dem Wiederaufbau heutige Ansicht. Nur die Hofmauer zur Dorfstraße scheint im ursprünglichen Zustand erhalten geblieben zu sein.

Fotos: Mai 2002, Schwerdtfeger

Pevestorf, Gehöft der Familie Roost, nach dem Wiederaufbau heutige Ansicht
der Straßenfront.
Foto: Mai 2002, Schwerdtfeger

Amerikanische Artillerie-Batterie in Feuerstellung (eingegraben), drei Ari-Geschütze
(artillery pieces) bilden hier die Batterie. Diese 155 mm – Geschütze für Flachbahn-
Schießen mit hoher Granaten-Geschwindigkeit wurden **„Long Tom"** genannt.
Foto: National-Archiv Washington

Gegenangriff endet in einem Desaster
(4872 amerikanische Artillerie-Granaten!)

Die Kämpfe um Pevestorf und Restorf beim gescheiterten nächtlichen Gegenangriff vom 23. April 1945 verursachten besonders auf deutscher Seite außerordentlich starke Verluste. Wenn auf amerikanischer Seite vom „Massacre at Pevestorf" gesprochen wird, dann trifft dieses verlustreiche Massaker besonders für die deutsche Seite zu.

Zwar wurden die Amis der I- Kompanie und Abteilungen der M-Kompanie aus Pevestorf vertrieben, aber die deutschen Angreifer gerieten vor und in Restorf in konzentriertes Artillerie- und Granatwerferfeuer der Amis, so daß der deutsche Gegenangriff dort unter hohen Verlusten scheiterte. Es wurde ein blutiges Desaster.

Die US-Artillerie-Bataillone erhielten den Befehl: „Fire time on target!" Das heißt, sämtliche Geschütze hatten eine zeitlang konzentriert auf ein und dasselbe Ziel zu feuern.

Ab 21. April bis 24. April 1945 feuerte die US-Artillerie im Brückenkopf Lenzen insgesamt die unvorstellbare Anzahl von **4872 (viertausendachthundertzweiundsiebzig)** Granaten der Kaliber 105 mm und 155 mm. *(Quelle: Tageslageberichte der betreffenden Ari-Bataillone)*

In Restorf war am Vortage die M-Kompanie einquartiert. Deren Granatwerfer- und MG-Abteilungen erhielten ebenfalls uneingeschränkten Feuerbefehl auf die angreifenden Deutschen vor Restorf.

Auf dem freien Gelände vor Restorf hatten die Angreifer keine Deckungsmöglichkeit, sie waren dem Granatfeuer schutzlos ausgeliefert.

Um das blutige Geschehen einigermaßen verständlich zu machen, wie die angreifenden Soldaten von Granaten zerfetzt wurden, soll dieses Foto-Dokument dienen.

Ein toter deutscher Soldat, in Restorf an einem Zaun liegend, wurde von einem Granatsplitter getroffen, der ihm seinen rechten Arm abtrennte.

Allan Wilford Howerton wird in der Schilderung seiner Eindrücke diesen Toten in Restorf gemeint haben!

Foto: Privat-Aufnahme Lt. Bob Streeter, Zugführer 2. Zug, I-Kompanie, 335.Regiment, 84. US-ID

Der Verschluß eines amerikanischen Artillerie-Geschützes, wie z.B. das 155 mm Geschütz, genannt „Long Tom", montiert auf einem Doppelachsen-Fahrgestell, war für eine maximale Lebensdauer von 3000 Schuß ausgelegt. Spätestens nach Abfeuern dieser Anzahl Granaten mußte dieses Artillerie-Geschütz *(piece)* aus dem Gebrauch herausgenommen werden. Weil die häufige Druckbelastung durch das Abfeuern der Granaten *(rounds)* das Material des Verschlusses verbraucht hatte.
Die acht Mann der Geschützbedienung liefen Gefahr, bei einer Explosion der Granate im Verschluß, selbst getötet zu werden.
(Quelle: Ein ehemaliger Artillerie-Offizier gab es so bekannt)

Nachweislich verursachte dieser verzweifelte deutsche Nacht-Gegenangriff vom 22. April *(Rückeroberung von Brünkendorf)* und 23. April 1945 *(Pevestorf und Restorf)* insgesamt 54 Gefallene auf deutscher Seite, die alle durch die 611th W G R Co auf weit entfernten Friedhöfen beerdigt wurden.

Auf der Kriegsgräberstätte Ehrenhain Buchhorst in Gartow ruhen weitere neun gefallene deutsche Soldaten aus dem Brückenkopf Lenzen, die vor der amerikanischen Besetzung von eigenen Leuten begraben wurden.
Aber nur einer von den neun Mann war am 23.04.45 beim Angriff in oder vor Restorf gefallen: Ehrenhain Buchhorst, Gartow, Grab Nr. 42, Gfr. Erich Janke.

Ohne Deckungsmöglichkeit vor Restorf hatten die Angreifer
der Kampfgruppe „Briest" keine Chance.

Foto: Privataufnahme von Col. (ret.) Erling Jerome Foss.

Wie man sich das Empfinden oder den Eindruck einer in unmittelbarer Nähe
explodierenden Artillerie-Granate vorzustellen hat, sollen die anschließenden
drei Fotos verdeutlichen.

Hier wird eine Blindgänger-Granate Kaliber 88 mm gesprengt. Der zeitlich sehr
kurze Explosionsablauf wurde auf drei Fotos dokumentiert.

Am 23. April 1945 vor Restorf schossen aber amerikanische Artillerie-Bataillone
Salvenfeuer auf die deutschen Angreifer. Das heißt, jede Feldhaubitze feuerte
gleichzeitig mit den übrigen Geschützen. Eine Batterie hatte sechs Feldhaubitzen
des Kalibers 105 mm. Der Feuerbefehl lautete: „Fire time on target!"

Fotos: Pressefotograf Michael Zapf, Hamburg

Der Moment eines einzelnen Granateneinschlags.

- Man hat die Nase im Dreck und ist von der Explosion fast taub.
  Die Lunge schmerzt vom Explosionsdruck und im Kopf ist ein
  schmerzhaft lautes Dröhnen.

Etwa eine Sekunde nach der Explosion (bzw. Granateneinschlag).
Letzte Granatsplitter surren und flattern durch die Luft. Die hört man jedoch kaum,
weil das starke Dröhnen im Kopf alle anderen Geräusche überdeckt.

Etwa zweite Sekunde nach der Explosion (bzw. Granateneinschlag).
Es regnet Erdklumpen herab. An der Explosionsstelle ist eine weißgraue Wolke
entstanden. Lunge schmerzt noch immer, aber das Dröhnen im Kopf schwächt ab
und Taubheit verschwindet langsam. Man kann gebrüllteWorte wieder verstehen.

Nach dem Scheitern des deutschen Gegenangriffs vor Restorf im Morgengrauen des 23. April 1945 wurde eilig die K-Kompanie (3. Bataillon, 335. Rgt.) herbeigerufen, um den Counter-Angriff zur Rückeroberung von Pevestorf anzuführen.

Wegen der am 7. April 1945 an der Weser im Kampf um Eisbergen bei Rinteln erlittenen schweren Verluste, besaß die K-Kompanie nur noch zwei Drittel ihrer Sollstärke.

Ein Oberleutnant als Kompanieführer war der einzige Offizier der zusammenge-schmolzenen Kompanie. Die Zugführer *(platoon leader)* waren Oberfeldwebel. Personal-Ersatz war noch nicht eingetroffen.

Master-Sergeant **Allan Wilford Howerton** war der Communication-Sergeant für die K-Kompanie *(Oberfeldwebel der Schreibstube. Zuständig für den Funkverkehr und für den gesamten Schreibkram der K-Kompanie.)*

Allan Howerton notierte in seinem Tagebuch zur Rückeroberung Pevestorfs folgendes:

„... Obwohl wir für einen beträchtlich früheren Abmarsch bereit waren, verließen wir Gartow nicht vor 6.30 Uhr am 23. April. Etwa zwei Meilen hinter Gartow befand sich der Ort Restorf, wo die Granatwerfer- und sMG-Abteilungen der M-Kompanie Stellung bezogen hatten.

Die Deutschen hatten in der vergangenen Nacht mit fanatischer Verbissenheit Restorf angegriffen. Deren Angriff war jedoch im konzentrierten Feuer unserer Artillerie-Bataillone zusammengebrochen. Als wir *(K-Kompanie)* Restorf erreichten, war das Ergebnis der schweren Gefechte klar zu erkennen. Viele gefallene Deutsche *(lot of dead Jerries)* lagen überall auf der Straße und auf dem westlich angrenzenden Wiesengelände herum. Ein grauenhafter Anblick, überall durch Granaten zerrissene Körper, bis zur Unkenntlichkeit verstümmelte Leichen.

Ich zwang mich, die toten Deutschen nicht näher zu betrachten. Das gelang mir aber nicht zufriedenstellend. Da draußen auf der freien Fläche lagen die toten Körper oder deren Körperteile dicht beieinander. Waren das 100 Tote, oder doch nur 50 gefallene Deutsche? Ich konnte die Anzahl nicht schätzen und wollte sie nicht wissen.

Unauslöschliche Erinnerungen an diesen Morgen habe ich von den toten Deutschen auf der Straße. Obwohl wir vorher bereits viele Gefallene, sowohl deutsche als auch unsere eigenen, gesehen hatten, waren diese Toten irgendwie frischer.

Weil sie erst kürzlich gefallen waren, schienen sie noch nicht weit von ihrem Todeszeitpunkt entfernt gewesen zu sein. Sterbend in der Dunkelheit der Nacht, ihr Blick vielleicht sogar vom Alkohol verschwommen, erschienen sie mir grotesker, als tote Soldaten gewöhnlich auf den Schlachtfeldern zurückgelassen werden.

Hier lagen sie auf der Straße, als ob sie vor Trunkenheit gestolpert und nicht imstande gewesen wären, sich wieder zu erheben.

Doch diese waren nicht so verstümmelt oder zerfetzt, wie diejenigen auf dem freien Gelände vor Restorf.

Besonders erinnere ich mich an einen Toten. Er lag auf dem Rücken. Seine Augen starrten in den Himmel, als ob er hoffte, die aufgehende Sonne noch einmal zu erblicken, bevor er verschied. Einer seiner Arme war im Ellenbogenbereich vom Körper abgetrennt und lag daneben.

Der fanatische und offenbar unnötige deutsche Gegenangriff war blutig vereitelt worden. Für die Deutschen war ihr Gegenangriff somit eine blutige Katastrophe *(desaster)* geworden. Noch niemals vorher während unseres sechsmonatigen Fronteinsatzes hatten wir die tötliche Wirkung der Artillerie derart deutlich zu sehen bekommen.

Vermutlich durch den grauenhaften Anblick des Schlachtfeldes *(battle ground)* sank nicht nur meine Moral beträchtlich, denn nun waren wir an der Reihe, laut Befehl unseres Bataillons-Stabes, die Deutschen aus dem nächsten Ort Pevestorf hinauszujagen.

Es gab eine Verzögerung des Angriffsbeginns, weil die Panzer noch nicht in ihre Ausgangsstellungen gekommen waren. Denn die Pioniere mußten die erforderliche Brücke vor Restorf über den Sprengkrater im Straßendamm fertigstellen.

Gegen Mittag begann unser Angriff.

Die ganze Zeit, auch während unseres Angriffs, schoß unsere Artillerie Sperrfeuer.

Als wir vorsichtig unser Ziel betrachteten, verschlimmerten sich unsere Befürchtungen. Denn wir mußten bis Pevestorf eine Meile offenes Gelände ohne Deckungsmöglichkeit überqueren. Wie sollten wir da unbeschadet durchkommen, fragte ich mich. Ich glaube, auch die anderen Männer unserer Kompanie hatten ebenso wie ich beklemmende Gefühle. Da gab es nur ernste Gesichter, Späße zur Auflockerung *(wie sonst üblich)* wurden überhaupt nicht gemacht.

Von der aus Pevestorf geflüchteten I-Kompanie sah ich nur wenige Männer, die am Angriff teilnahmen. Wo die übrigen geblieben waren, wußte ich nicht.

Unser Befehl lautete, nicht vorzugehen, bis Artillerie und Granatwerfer mit allem ihnen zur Verfügung stehendem Material das Feuer eröffneten.

Als wir dann vorwärts gingen, verschwand unser Ziel in einer Wolke von Staub und Qualm, verursacht durch explodierende Granaten.

Auf halber Strecke erschraken wir sehr. Denn mehrere Batterien unserer Artillerie feuerten zu kurz. Die Einschläge lagen knapp vor dem führenden Panzer.

Durch Splitterwirkung wurden dort vier Männer, obwohl sie sich in Deckung hinter den Panzern befanden, verwundet und mußten durch Sanitäter *(medics)* evakuiert werden. Einer der an uns vorbeigetragenen Verwundeten schrie herzzerreißend und ließ sich nicht beruhigen. Granatsplitter zerhackten auch einige der neben der Straße befindlichen Holzmasten der Telefonleitungen, so daß die Masten schräg herabhingen und nur durch die Drähte gehalten wurden.

Zusammen mit einem Funker *(radio operator)* befand ich mich hinter dem letzten Panzer. Trotzdem mußten wir in Deckung gehen, weil die Splitter der Ari-Granaten bis zu uns herüber kamen.

Als wir in der Deckung der Panzer in den Ort eindrangen, vernahmen wir nur noch vereinzeltes Gewehrfeuer. Das könnten aber unsere eigenen Leute gewesen sein.

Das andauernde Ari-Sperrfeuer überdeckte alle anderen Geräusche. Ob der Feind ebenfalls mit Artillerie auf Pevestorf schoß, weiß ich nicht.

Unsere Panzer mit dem hinter ihnen befindlichen 1. Zug *(K-Kompanie)* bewegten sich langsam auf der Straße vorwärts, während Infanteristen am Fuße des steilen Abhangs entlang gingen, der ihnen größtenteils bis in den Ort Deckung bot.

Das Sperrfeuer der Artillerie gab uns Vertrauen, als wir in Pevestorf eindrangen.

Der 1. Zug an der Angriffsspitze begann die ersten Häuser zu durchsuchen, während der Rest unserer Kompanie auf der Straße weiter vorstieß, um die nächsten Häuser zu kontrollieren. Mit einer Anzahl froschhüpfender Bewegungen wurde dadurch der größte Teil des langgestreckten Dorfes von feindlichen Truppen freigefegt.

(Anmerkung: Da gab es keinen Widerstand, weil sich die Deutschen aus Pevestorf zurückgezogen hatten! Befehlsgemäß hatten sich die deutschen Truppen auf die Höhen westlich von Pevestorf und auf die Riegelstellung nördlich von Pevestorf abgesetzt. Die K-Kompanie konnte demzufolge in Pevestorf selbst auf keinen deutschen Widerstand stoßen!)

Trümmer der niedergebrannten Gebäude qualmten noch und an einigen Stellen loderten Flammen. Entlang der Dorfstraße sahen wir einige tote Deutsche liegen. Die betrachtete ich aber nur deshalb, weil ich nach unseren Toten aus der I-Kompanie suchte. Sah aber keinen gefallenen Amerikaner.

Zur Dorfmitte hin lag mitten auf der Straße eine tote Kuh. Es könnten auch zwei tote Kühe gewesen sein, das weiß ich nicht mehr.

Dann bemerkte ich, daß von einem Hof *(farm yard)* rechts ein Amerikaner auf die Straße sprang und wild mit den Armen winkte. Wir hatten damit die Gruppe Soldaten der I-Kompanie befreit, die in dem Bauernhaus von Deutschen umzingelt worden war, und die sich mehr als acht Stunden lang erfolgreich gegen die Angreifer wehrten.

Als dann die letzten Teile unserer Kompanie hereinkamen, wurden Brown und ein anderer Mann des 4. Zuges *(platoon)* durch eine zu kurz einschlagende Granate verwundet.

Pfc. *(Ogfr.)* Meyer Brown, aus der Bronx, New York, war einer der sechs an diesem Tage durch unsere eigene Artillerie verwundeten Männer.

Die Deutschen hatten sich zum nördlichen Dorfende abgesetzt. Mit dem Steilhang und dem größten Teil des Dorfes in unserer Hand machten wir Pause und forderten Artillerie-Feuer auf den Gegner an.

Staff Sergeant Jeff Parker, als Zugführer des 1. Zuges eingesetzt, versuchte als vorderster Beobachter das Ari-Feuer zielgenau zu lenken. Dabei wurde er getötet und mehrere andere Männer wurden verwundet, als die Granaten zu kurz einschlugen. Dazu meldet der Technical Sergeant Leonhard Green, der an der Seite von S/Sgt. Jeff Parker das Funkgerät bediente (radio operator), folgendes:

„Wir hatten uns durch den Ort gearbeitet und befanden uns zwischen den letzten beiden Häusern. Da wir mit Handfeuerwaffen beschossen wurden, forderten wir Artillerie-Feuer auf das Zielgebiet vor uns an.

Der Ari-Verbindungsmann am Sprechfunkgerät forderte von uns, eine Nebelkerze als Positionszeichen zu zünden, damit er das Ari-Feuer ins Ziel 100 Yards *(90 m)* vor uns lenken konnte. Wir beide *(Parker und ich)* versuchten ihn vergeblich zu überzeugen, das Einschlagsziel noch weiter vor uns zu wählen. Parker forderte dann 12 Schuß an. Schon der erste Schuß traf Parker und setzte das Sprechfunkgerät außer Betrieb. Hinter einem Zaun befand sich rechts ein Graben. Bevor die nächste Granate landete, lag ich flach darin. Parker war tot. Alles was ich sehen konnte, war ein Loch in seinem Rücken. Ein Splitter wird seinen Rücken getroffen haben, der den Brustkorb durchschlug und vermutlich sein Herz verletzte."

Kompanieführer Ennis und ich richteten danach unseren Gefechtsstand der K-Kompanie in einem relativ unbeschädigten Haus an der Straße ein. Dieses Haus befand sich an der engsten Stelle zwischen Steilhang und Straßenböschung und war eines der letzten Häuser in Pevestorf am nördlichen Dorfende. *(Anmerkung: Im Haus Nr. 36 der Familie Maaß)* In diesem Haus verbrachte der Stab der Kompanie die folgenden zwei Tage und Nächte. Von dort aus wurden die Wachen eingeteilt und die Parolen ausgegeben. Wir warteten auf weitere Befehle und hofften, daß sich die Deutschen auf die andere Seite des Flusses zurückzogen und dort blieben.

Unsere Artillerie feuerte batterieweise auf die Höhen und den Steilhang westlich von Pevestorf und auch über den Fluß auf das jenseitige Ufer. Von drüben schossen die Deutschen mit ihren 88 mm-Geschützen Störfeuer auf Pevestorf.

Im Bereich der „Schwedenschanze", ausgedehnt nach West und Ost, hatte sich der Bataillons-Reservezug *(25 Fallschirmjäger, Füsilier-Bataillon z.b.V.901),* unter Führung des Leutnants Gottfried Vauk, weit auseinandergezogen am Steilabfall des Höhbecks eingegraben und leistete von dort hinhaltenden Widerstand gegen die vorrückenden amerikanischen Truppen. Das gelang insofern, weil die US-Infanterie *(wie immer in solchen Fällen)* Ari-Unterstützung anforderte, bevor sie weiter vorstieß. Dieses Ari-Feuer auf die Stellungen der Fallschirmjäger wurde bis in die Nacht fortgesetzt.

Im Schutz der Dunkelheit *(in der Nacht vom 23. zum 24. April 1945)* zogen sich die Fallschirmjäger unbemerkt von den Amerikanern zur Fährstelle zurück. Dort wartete ein Ruderboot auf die letzten Nachzügler. Leutnant Vauk erreichte als Letzter das Boot. Seine Leute zogen ihn ins überladene Boot und stießen ab. Vauk bemerkte noch, daß seine Beine über der Bordwand im Wasser hingen, bevor er vor Erschöpfung einschlief.
Damit endeten die Kämpfe um den Höhbeck am 24. April 1945.

Den deutschen „Brückenkopf Lenzen" gab es nicht mehr.

Pevestorf, Haus-Nr. 36, Familie Maaß, heutige Ansicht.

Nach dem Zusammenbruch des deutschen Gegenangriffs und nach Rückeroberung Pevestorfs am 23. April 1945 durch die K-Kompanie (3. Bn., 335. Rgt., 84. US-Infanteriedivision), mit Unterstützung der 5 Panzer des 2. Zuges (C-Co, 771. Panzer-Bn.) sowie mit Unterstützung der M-Kompanie und den noch einsatzfähigen Resten der I-Kompanie, wurde am Nachmittag des 23. April 1945 der Gefechtsstand der K-Kompanie hier im relativ unbeschädigt gebliebenen Haus Maaß aufgeschlagen.
Bis zum 26. April 1945 (Verlegung des 335. Regiments nach Hindenburg / Altmark) blieb der Kompanie-Gefechtstand in diesem Hause.
Dieses ist die engste Stelle in Pevestorf zwischen Steilhang, Dorfstraße und Haus Maaß.

Foto: 2002, Schwerdtfeger

Pevestorf, Haus-Nr. 36, der Familie Maaß, sowie das benachbarte Stallgebäude.
Die zwei oberen Fotos sind Schnappschüsse von und mit Communication-Sergeant (Feldwebel) Allan Howerton,
K-Kompanie, 3. Bataillon, 335. Regiment, aufgenommen am Nachmittag des 25. April 1945. Zaun niedergewalzt,
Hausecke beschädigt, Stalldach durchlöchert. Zum Vergleich unteres Foto von 2002. Etwa an gleicher Stelle
aufgenommen. Sogar die Stalltür mit Katzenschlupfloch und Holzriegel ist erhalten geblieben.

Amerikanische Schilderung des Geschehens um „The Massacre at Pevestorf".

Quelle Dokument: National-Archiv Washington

Faksimile:

G-2 Tageslagebericht (Periodic Report) Nr. 158,
ab 22. April 20 Uhr bis 23. April 1945 20 Uhr,
Anhang Nr. 3 **Gefangenenverhör** (IPW Interrogation Report),
84. US-Infanterie-Division, XIII. Korps, 9. US-Armee

Annex #3 to Accompany Periodic Report #158

IPW INTERROGATION REPORT

Identifications:

901 Arty Regt, 1st Btry	8	
7th Btry	21	
902 Arty Regt, 1st Btry	25	
203 Gren Repl & Tng Bn	65	

That the enemy is striving desperately to maintain some sort of bridgehead on this side of the ELBE seems evidenced by the fact that they continue to push units across the R to stem our Atk. Chief among these was the hastily organized KG BORIS. This motley crew of cripples, old men, recent inductees and morons was first organized around the remainder of the 203 Gren Repl & Tng Bn in BERLIN - SPANDAU. Fr there the unit moved to PERLEBERG where some hasty reorganization was effected. Strength was brought to 250-300. On the 21st the unit moved to LENZEN and Fr there moved across the R by ferry, during the late afternoon and early evening on 22 Apr. Their mission was to enlarge the existing bridgehead. No one seemed quite clear as to just how this was to be done. PW states the confusion was so great that 1st and 3d Cos fought each other. Confusion ended when both Cos tried to surrender as casualties were very Hv.

More V-2 units also reappeared on this bank of the R. The new identification of this lot came with the first Btry of the 902 Arty Regt ZBV. This Btry proceeded to LUCKENWISCH on 10 Apr where it dug hasty field fortifications. One Plat of some 40 men was posted on this side of the R Vic SCHNA CKENBURG on the 21st of Apr. This morning when the unit had news of our approach another Plat was quickly hurried across the R for reinforcement. Most of this Plat recrossed to the safe side almost immediately. Other batteries of this Regt are Rptd to be holding the line along the R bank E of LUCKENWISCH. The headquarters of 1st Bn is Rptd to be in WUSTROW, 2d Bn in BERNHEIDE. Defensive organization of the sector seems to be of the foxhole variety without wires. Three 20mm AA guns are Rptd Vic 580006. Finally, the 7th Btry of the 901 Regt managed to get into the fray also. What was left of this Btry was also quickly dispatched across the R but obviously did not amount to much. The outfit seems to be so badly chewed up that the Btry trains were called upon to supply front line personnel.

Übersetzung Dokument Gefangenenverhör:

Anhang Nr. 3 als Ergänzung zum Tageslagebericht Nr. 158

<u>Bericht Gefangenenverhör</u>

<u>Identifizierung:</u>

901. Artillerie-Regiment, 1. Batterie	8	*(Anmerkung: Kompanie Oblt. Lehmann)*
7. Batterie	21	*(Anmerkung: Kompanie Oblt. Ralle)*
902. Artillerie-Regiment, 1. Batterie	25	*(Anmerkung: 1 Zug ergab sich in Schnackenburg)*
203. Gren. Ers.– u. Ausb.- Bataillon	65	*(Anmerkung: Kampfgruppe Briest)*

Daß der Feind verzweifelt versucht, eine Art von Brückenkopf auf dieser Elbseite zu halten, scheint bewiesen durch die Tatsache, daß er fortgesetzt Einheiten über den Fluß wirft, um unseren Angriff aufzuhalten.
Unter diesen bildete den Hauptanteil die überhastet aufgestellte Kampfgruppe Boris *(Anmerkung: richtig muß es heißen Kampfgruppe Briest).*
Diese kunterbunte Mannschaft von Krüppeln, alten Männern, kürzlich eingezogenen Rekruten und Schwachsinnigen wurde anfangs aufgestellt um die Verbliebenen des 203. Grenadier-Ersatz-u.-Ausbildungs-Bataillons in Berlin-Spandau.
Von dort wurde die Einheit verlegt nach Perleberg, wo eine hastige Umorganisation durchgeführt wurde. Stärke wurde auf 250 – 300 Mann gebracht.
Am 21. wurde die Einheit nach Lenzen verlegt und von dort mit Fähren über den Fluß gebracht im Verlauf des späten Nachmittags und des frühen Abends des 22. April.
Ihr Auftrag lautete, den bestehenden Brückenkopf zu erweitern.
Niemandem schien es klar zu sein, wie das überhaupt durchgeführt werden sollte.
Gefangener behauptet, das Durcheinander war so groß, daß sich die 1. und die 3. Kompanie gegenseitig bekämpften. *(Anmerkung: Falschaussage. Kampfgruppe Briest hatte nur 2 Kompanien mit je 100 Mann!)* Die Konfusion endete, als beide Kompanien zu kapitulieren versuchten, da die Verluste sehr schwer waren.

Weitere V-2 Einheiten erschienen neuerdings wieder auf diesem Flußufer.
Die neue Identifikation dieses Haufens kam mit der 1. Batterie des 902. Artillerie-Regiments ZV. Diese Batterie erschien am 10 April in Lütkenwiesch, wo sie überhastet Stellungen aushoben. Ein Zug von etwa 40 Mann wurde am 21. April auf diese Flußseite in die Gegend von Schnackenburg gebracht.
Heute morgen, als die Einheit von unserem Vorrücken Nachricht erhielt, wurde ein weiterer Zug zur Unterstützung über den Fluß gehetzt. Die meisten dieses Zuges kehrten fast unverzüglich zur sicheren Seite zurück.
Andere Batterien dieses Regiments, so wird gemeldet, halten die Front entlang des Flußufers östlich von Lütkenwiesch. Der Gefechtsstand des 1. Bataillons soll sich nach Aussage des Gefangenen in Wustrow befinden, der des 2. Bataillons in Bernheide. Verteidigungseinrichtungen des Abschnittes scheinen nur in Variationen von Deckungslöchern ohne Drahtverhau zu sein.
Drei 20 mm Flak-Geschütze werden in der Gegend von 580006 gemeldet.
Schließlich gelang es auch der 7. Batterie des 901. Regiments in die Schlägerei zu kommen. Was von dieser Batterie übriggeblieben war, wurde ebenfalls schnellstens über den Fluß geschickt, jedoch bewirkte das offenbar nicht viel.
Die Ausstattung scheint so schlecht durchgekaut *(aufgestellt)* zu sein, daß Leute vom Batterie-Troß zur Verstärkung des Frontpersonals hinzu befohlen wurden.

Zum Anhang Nr. 3, Tageslagebericht Nr. 158, Bericht Gefangenenverhör

Das kann man ja nicht einfach so kommentarlos stehenlassen!

Die Divisionen und Regimenter der US-Army hatten strenge Anweisung,
keine eigenen Verluste durch ihre Tageslageberichte *(G-2 and S-2 Periodic Reports)*
zu veröffentlichen.
Verluste durften und sollten nur in den monatlichen Kampfabschlußberichten
(After Action Reports) vertraulich *(confidential)* gemeldet werden.
Die erhielt lediglich ein begrenzter Kreis von hochrangigen Stabsoffizieren.

Desgleichen durften in den Tageslageberichten eigene Niederlagen oder Mißerfolge,
falls unvermeidlich, nur in geschönter Form gemeldet werden.
Darüber hinaus wurde der Feind diskreminiert, verunglimpft und verächtlich
dargestellt.
So ist es auch im vorliegenden Fall des deutschen Nacht-Gegenangriffes vom
23. April 1945 auf Pevestorf-Restorf geschehen.
Man sucht vergeblich in den US-Dokumenten nach neutral gehaltenen
Schilderungen über den tatsächlichen Ablauf des Kampfgeschehens.

Zur Erinnerung:
Als am Abend des 22. April 1945 der deutsche Stoßtrupp der 8. Kompanie *(Füsilier-Bataillon z.b.V. 901)* Brünkendorf wieder einnahm, da verließen die Züge der C-Kompanie
und Abteilungen der D-Kompanie *(1. Bataillon, 335. Rgt.)* fluchtartig das Dorf.
Damit waren die Höhen oberhalb des Dorfes Pevestorf wieder in deutscher Hand.
Doch die I-Kompanie traf keinerlei Maßnahmen, um sich gegen einen deutschen Vorstoß
herab von den Höhen oberhalb von Pevestorf abzusichern.
Sie hatte auch nichts unternommen, als am Vortage der 1. Zug beim Hause Wolgast auf die
deutsche Riegelstellung gestoßen war.
Nach Beginn des deutschen Gegenangriffes dauerte es nicht lange, bis die Soldaten aus der
I-Kompanie und MG-Züge der M-Kompanie einer nach dem anderen oder auch
gruppenweise aus Pevestorf flüchteten, ohne sich um die im Hause Conrad und auf dem
Gehöft Roost zurückbleibenden Kameraden zu kümmern.
Die Diskriminierung des Feindes:
„... Unter diesen bildete den Hauptanteil die überhastet aufgestellte Kampfgruppe Boris
(richtig: Briest!). Diese kunterbunte Mannschaft von **Krüppeln, alten Männern, kürzlich
eingezogenen Rekruten** und **Schwachsinnigen** wurde anfangs mit dem Rest
(Marschkompanie) des 203. Grenadier-Ersatz-u.-Ausbildungs-Bataillons in Berlin-Spandau
aufgestellt. ...“

Kommentar:
1. Deutsche Verwundete, die sich den Amis ergaben, als **Krüppel** zu bezeichnen, darf
als eine unglaubliche Frechheit des Bericht-Verfassers betrachtet werden!
2. Wenn die Amis deutsche Soldaten, die um die 50 Jahre alt waren, als **alte Männer**
bezeichneten, dann haben sie insofern recht, weil Soldaten dieses Alters mit
Mannschaftsrang beim US-Militär nicht vorkamen.
3. Frisch **eingezogene Rekruten** *(16- und 17 jährig)* mit geringer Ausbildung waren als
Personal-Ersatz in den letzten sechs Kriegsmonaten beim deutschen Militär die Regel.
4. Aber die dem konzentrierten Artilleriefeuer *(Trommelfeuer)* der Amis vor Restorf
gerade entkommenen Deutschen, die durch die Explosionen taub und halb bewußtlos
den Amis entgegentaumelten, als **Schwachsinnige** zu bezeichnen, ist der Gipfel an
Überheblichkeit!

Pfingstburg, 4. Juli 1945.
Drei Gruppen-Führer *(squad-leader)* der I-Kompanie, 3. Bataillon, 335. Regiment, 84.US-ID.

Von links nach rechts:

St/Sergeant **William Bill Brill**, 2. Zug *(platoon)*, hatte Haus Günter Lütke in Pevestorf besetzt.

St/Sergeant **Edward Bakalarski**, 1. Zug *(platoon)*, wurde vor dem Haus Wolgast in Pevestorf
am 22. April 1945 durch Oberschenkeldurchschuß verwundet.
Bei der Weser-Überquerung am 5. April 1945 bei Barkhausen war er durch
Streifschuß leicht verwundet worden. War aber inzwischen zum Dienst
zurück. Erhielt später das ´purple heart with oakleaf cluster´
*(Verwundeten-Abzeichen mit Eichenlaub-Kranz, für mehrmalige
Verwundung).*

St/Sergeant **Evert Clark**, 4. Zug *(platoon)*, war nach dem 8. Mai als Ersatz für den im Hause
Heinrich Roost in Pevestorf gefallenen *(vermißten)* St/Sergeant
Willis C. Pritchard in die I-Kompanie versetzt worden.

Foto: Privataufnahme von St/Sgt. Bill Brill

Pfingstburg, 4. Juli 1945.
Vier Offiziere der I-Kompanie, 3. Bataillon, 335. Regiment, 84. US-Infanterie-Division.

Von links nach rechts:

Lieutenant *(Leutnant)* **Bob Streeter,** Zugführer 2. Zug *(platoon),* I-Kompanie.

Captain *(Hauptmann)* **Phillips,**   Kompanie-Chef der I-Kompanie.

Lieutenant *(Leutnant)* **McIntyre,**   Zugführer 4. Zug *(platoon)*, I-Kompanie.

Lieutenant *(Leutnant)* **Citrak,**   Zugführer 3. Zug *(platoon)*, I-Kompanie.

Foto: Privataufnahme von Lieutenant Bob Streeter

Dienstag, 24. April 1945

Nachdem die letzte deutsche Nachhut den Brückenkopf Lenzen an der Fährstelle verlassen hatte, und die Amerikaner übriggebliebene Versprengte als Gefangene eingesammelt hatten, schossen die wenigen deutschen Artillerie-Geschütze von der Lenzener Elbseite an diesem Tage nur noch sporadisch Störfeuer auf das Höhbeck-Gebiet.

Erst im Laufe des Tages bemerkten die Amis, daß die Deutschen über die Elbe verschwunden waren. Bis dahin feuerten die amerikanischen Artillerie-Bataillone aus allen Rohren sowohl auf die in der Nacht aufgegebenen Stellungen der 25 Fallschirmjäger am Steilhang des Höhbecks, als auch auf das Gebiet um die Stadt Lenzen. Der Himmel war wolkenbedeckt, so daß die Granaten als glühende Punkte auf ihren Flugbahnen gesehen werden konnten.

Ein gewaltiger Feuerzauber! Amerikanische Artillerie litt nie unter Munitionsmangel.

Welche Verluste erlitten die beteiligten amerikanischen Einheiten bei der Erkämpfung des Brückenkopfes Lenzen zwischen dem 15. April bis zum 24. April 1945 ?

Natürlich waren deren Verluste nicht so hoch wie auf deutscher Seite, aber doch beträchtlich.

Eine Liste der amerikanischen Verluste *(Quelle Dokumente: National-Archiv Washington)*:

11th Cav Gp, 36th Rec Sq, ... 4 Gefallene, KIA	....	14 Verwundete WIA
I-Co, 333rd Rgt, 84th Inf. Div. .... 2 Gefallene, KIA	....	---
A-Co, 335th Rgt., 84th Inf. Div. ..... 4 Gefallene, KIA	....	7 Verwundete WIA
B-Co, 335th Rgt., 84th Inf. Div. ..... 8 Gefallene, KIA	....	16 Verwundete WIA
C-Co, 335th Rgt., 84th Inf. Div. ..... 9 Gefallene, KIA	....	19 Verwundete WIA
D-Co, 335th Rgt., 84th Inf. Div. .... 2 Gefallene, KIA	....	4 Verwundete WIA
Hq-Co, 3rd Bn, 335th Rgt., ... 3 Gefallene, KIA	....	1 Verwundeter WIA
I-Co, 335th Rgt., 84th Inf. Div. ..... 10 Gefallene, KIA	....	9 Verwundete WIA
K-Co, 335th Rgt., 84th Inf. Div. .... 1 Gefallener, KIA	....	6 Verwundete WIA

(Anmerkung Verfasser: Alle Verluste der K-Kompanie durch eigene Artillerie! Nicht durch Feindeinwirkung!)

L-Co, 335th Rgt., 84th Inf. Div. ..... ---	....	11 Verwundete WIA

(Anmerkung Verfasser: L-Kompanie hatte bei Einnahme von Kapern, Holtorf und Schnackenburg keinen Toten zu beklagen.)

M-Co, 335th Rgt., 84th Inf. Div. ... ---		---

(Anmerkung Verfasser: M-Kompanie erlitt bei der Vertreibung aus Pevestorf überhaupt keine Verluste!)

Anti-Tk-Co, 335th Rgt., 84th Div. .. 2 Gefallene, KIA	....	---
C-Co, 309th Medic Bn, 84th Div. ... 2 Gefallene, KIA	....	2 Verwundete WIA
C-Co, 309th Eng C Bn, 84th Div. ... 3 Gefallene KIA	....	9 Verwundete WIA
C-Co, 771st Tk Bn, 84th Div. .... ---		6 Verwundete WIA

Gesamtzahl Gefallener : <u>50 Mann.</u> Verwundete : <u>104 Mann</u>

Verlustlisten von folgenden Einheiten standen nicht zur Verfügung:
84th Rec Co *(gepanzerte Aufklärer der 84. Division)*,
C-Co, 638th Tk D Bn *(638. Jagdpanzer-Bataillon)*,
A-Co, 3rd Chemical Mort Bn *(Raketenwerfer = Nebelwerfer-Bataillon)*
325., 327. und 909. Artillerie-Bataillon.

Amerikanische Teilnehmer der Kämpfe um den Brückenkopf Lenzen nannten dieses Geschehen : **The Massacre at Pevestorf.** *(Das Massaker bei Pevestorf)*

Es waren die letzten Kämpfe knapp vor Ende des 2. Weltkrieges für die 84. US-Infanterie-Division, die nicht nur für die Amerikaner sondern besonders für die deutschen Verteidiger extrem blutig endeten!

Nicht zu vergessen die vielen entstandenen Kollateral-Schäden bei der Zivilbevölkerung.

Teil 2

Das Schicksal des Sergeant
Willis Coleman Pritchard
4. Zug, I-Kompanie, 3. Bataillon, 335. Regiment,
84. US-Infanterie-Division

49

An der Stecke von Aachen nach Maastricht bei Margraten befindet
sich links die Abfahrt zum amerikanischen Soldatenfriedhof
„American Military Cemetery Margraten“.
Holländisch genannt Oorlogkerkhof (Kriegsfriedhof).

Karten-Ausschnitt: Limburg zuid, Maßstab (Schaal) 1: 50.000

Lageplan des amerikanischen Militärfriedhofes
Margraten / Holland
American Military Cemetery Margraten
Auf der Strecke von Aachen nach Maastricht in Holland

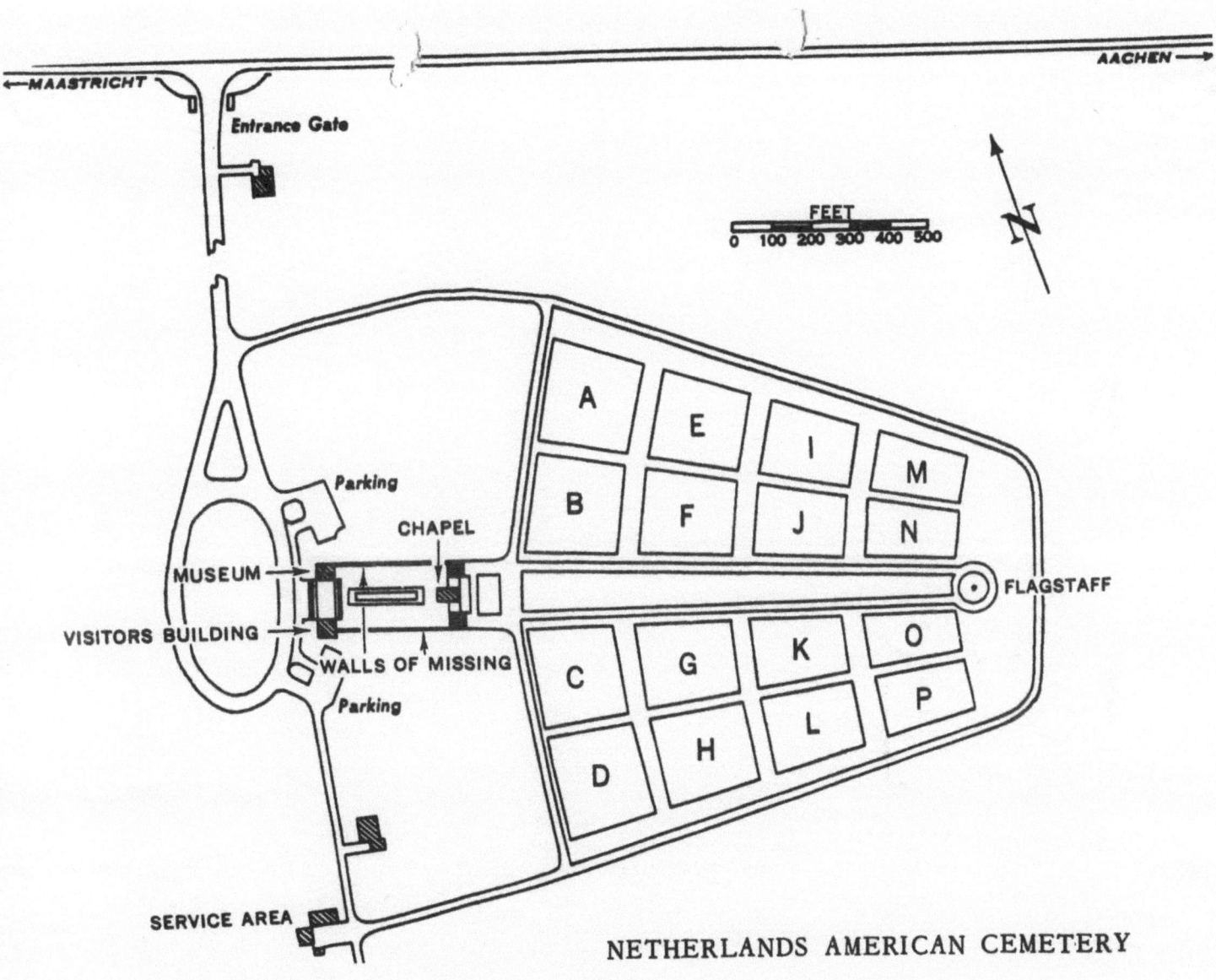

NETHERLANDS AMERICAN CEMETERY

Auf diesem Militärfriedhof Margraten wurden die auf deutschem Gebiet gefallenen amerikanischen Soldaten durch die 611. Kriegsgräber-Registrierungs-Kompanie (611th War Graves Registration Company) beerdigt.
Nach Weisung von Präsident F.D. Roosevelt durfte kein gefallener Amerikaner in deutscher Erde begraben werden.
Auf deutschem Boden gibt es deshalb keine US-Militärfriedhöfe.
Anlage und Ausstattung war von der US-Army einheitlich für alle Militärfriedhöfe vorgeschrieben.

Der US-Militärfriedhof Margraten / Holland ist aufgeteilt in 16 Blocks (plots) und mit den Buchstaben A bis P benannt.

Jeder Block ist in Grab-Reihen unterteilt. Die Gräber eines Blocks sind beginnend mit der Ziffer 1 fortlaufend numeriert.

Wegen unterschiedlicher Größe der Blocks ist die Anzahl der Gräber von Block zu Block nicht gleich. Die Blocks mit den meisten Gräbern sind die plots A, B, C und D. Die mit der geringeren Anzahl Gräber sind die plots M, N, O und P.

Logischerweise sollte man annehmen, daß die durch das 611th W G R Co angelieferten, aus dem selben Kampfgebiet eingesammelten, sowie aus der gleichen Einheit stammenden Gefallenen im selben Block in Reihenfolge mit durchgehender Numerierung beerdigt wurden.

Aber mit einigem Erstaunen muß ein Friedhofs-Besucher feststellen, daß die Gefallenen eines Transportes (vom 611th W G R Co), Soldaten derselben Einheit und am selben Tage umgekommenen Toten, nicht nebeneinander in Gräbern mit fortlaufender Numerierung beerdigt wurden.

Mit Unverständnis nimmt der Besucher zur Kenntnis, daß zum Beispiel die mit gleichem Transport nach Margraten gebrachten (namentlich identifizierten) am 22. und 23. April 1945 gefallenen 12 Amerikaner des 335. Regiments einzeln in Blocks von E bis N beerdigt liegen. Deren Gräber befinden sich unabhängig voneinander und auch unabhängig von ihrer Einheitszugehörigkeit auf dem Friedhof.

Diesbezügliche Fragen an die zwei vollamtlich angestellten Friedhofsverwalter (ein amerikanischer Veteran und ein Holländer) konnten nur mit unwissendem Schulterzucken beantwortet werden.

Ohne den Grund dafür zu kennen meinten sie dann schließlich, es könne folgende Ursache gehabt haben. Nach Kriegsende wurden viele Tote vom Militärfriedhof Margraten auf Wunsch ihrer Angehörigen in die USA überführt. Dadurch entstanden natürlich in den Grabreihen Lücken. So könne es sein, daß diese Lücken durch Umbettungen wieder geschlossen wurden. Ob das den Tatsachen entspräche, wüßten sie jedoch nicht. Jedenfalls wurden von den ursprünglich in Margraten beerdigten Toten ungefähr 2.000 auf Staatskosten in die USA überführt, sagten sie.

Die nächste Frage betraf das Problem der unbekannten Toten (unknown deads). Wo befinden sich deren Gräber? Insbesondere die der sieben zur Unkenntlichkeit verbrannten Toten aus Pevestorf, die als Vermißte geführt wurden.

Die Antwort lautete: Es gäbe in Margraten kein Grab ohne den Namen des in dem Grab befindlichen Toten. Da existiere kein Grabkreuz worauf „unknown dead" anstatt eines Namens stehe.

Die Namen von vermißten Soldaten seien zwischen Eingangsgebäude und der Kapelle auf den beidseitig angebrachten Vermißten-Tafeln „Walls of Missing" eingraviert. Aber Gräber von nicht identifizierten Toten gäbe es in Margraten nicht.

An den „Walls of Missing" findet man eingraviert die Namen der sieben in Pevestorf auf dem Gehöft Heinrich Roost ums Leben gekommenen, nicht identifizierten toten Amerikaner.

Aber wo wurden diese im April 1945 durch die 611th W G R Co nach Margraten transportierten, nicht identifizierten toten Amerikaner beerdigt?

Wo sind im Laufe der vergangenen 69 Jahre deren Gräber geblieben?

Dazu konnte die Friedhofsverwaltung keine Auskunft geben.

Namen der sieben nach dem deutschen Gegenangriff am 23. April 1945 als vermißt gemeldeten Amerikaner vom 4. Zug der I-Kompanie:

Pfc (Private First Class = Ogfr.) **Daniel Cortez**
Pfc (Private First Class = Ogfr.) **Raleigh Bowling**
Pfc (Private First Class = Ogfr.) **Harold P. Bakerman**
Pfc (Private First Class = Ogfr.) **Edward J. Proctor**
Pfc (Private First Class = Ogfr.) **James E. Courtney**
Sgt (Sergeant = Feldwebel) **Willis C. Pritchard**
Sgt (Sergeant = Feldwebel) **John Garrison**

Aus der Gruppe der sieben vermißten US-Soldaten wird als Beispiel das Schicksal eines Mannes geschildert:

Sergeant **Willis C. Pritchard** war einer der Gruppenführer (squad leader) im 4. Zug (platoon) der I-Kompanie (I-Co) vom 335. Regiment.

Am 26. April 1945 wurde das 335. Regiment aus dem Gebiet des ehemaligen Brückenkopfes Lenzen nun in die Altmark nach Osterburg, Hindenburg und Altenzaun an die Elbe verlegt.

Wahrscheinlich bereits am 25. April, spätestens aber am 26. April 1945, begannen die Leute vom 2. Zug der 611th W G R Co mit der Suche im Brandschutt nach den vermißten Soldaten der I-Kompanie. Sie fanden die zur Unkenntlichkeit verbrannten Leichen anhand von ausgeglühten Stahlhelmen, Waffen und Metallen der Ausrüstung. Vermutlich halfen ihnen bei der Suche auch Männer der I-Kompanie.
<u>Aber es wurden an den verkohlten Leichen keine Erkennungsmarken gefunden.</u>

Wenn die Erkennungsmarken der US-Soldaten tatsächlich *(wie gesagt wird)* aus rostfreiem Edelstahl gewesen wären, dann hätten sie wegen ihres hohen Schmelzpunktes auch extrem hohe Brandtemperaturen überstanden.
Als Erklärung und Ursache für das spurlose Verschwinden von Erkennungsmarken der verbrannten Gefallenen darf mit großer Wahrscheinlichkeit angenommen werden, daß es sich bei dem Material um eine Leichtmetall-Legierung *(Aluminium)* handelte, die durch die sehr hohe Brandtemperatur nicht nur geschmolzen, sondern sogar verdampft *(evaporated)* ist.

Nun hatte der Bergungstrupp das Dilemma bzw. ein Problem, daß keine Identifizierung der sieben Toten möglich war. Zwar waren die Namen der sieben Vermißten bekannt, doch eine Unterscheidung, welche sterblichen Überreste zu welchem Soldaten gehörten, konnte die Suchmannschaft nicht festlegen.

So wurden die gefallenen US-Soldaten als unbekannte Tote *(unknown deads)* nach Margraten transportiert und genauso wie die namentlich bekannten Gefallenen dort in Einzelgräbern beerdigt.

Sergeant **Willis Coleman Pritchard**

Identification Tag 38 297 394 (Erkennungsmarke mit persönlicher Register-Nummer),
Squad leader (Gruppenführer), 4th platoon (4. Zug), I-Company (I-Kompanie),
3rd Bn (3. Bataillon) 335th Rgt. (335. Regiment), 84th Infantry Division (84.ID),

Heimatort war Mulberry, im Südstaat Arkansas / USA, mit 1600 Einwohnern.
Im April 1945 war Willis 30 Jahre alt, hatte im November 1941 seine Frau Mary
geheiratet, wurde als Wehrpflichtiger bereits im Jahre 1943 zur Army eingezogen.

Im Juli 1944 wurde seine Tochter Linda geboren. Willis sah seine Tochter nur einmal,
als sie drei Monate alt war und er Heimat-Urlaub erhielt, bevor er am 1. Oktober 1944
per Schiff nach Europa transportiert wurde.

Willis wurde im November 1944 in der Nähe von Gilcrest in Belgien verwundet,
noch ehe die deutsche Ardennen-Offensive (Battle of the Bulge) begann.
Erhielt das Verwundeten-Abzeichen (Purple Heart).
Nach Ausheilung seiner Verwundung kam er Ende Januar 1945 in seine ursprüngliche
Einheit (I-Co, 335th Rgt.) zurück. Sehr bald wurde er dann zum Feldwebel (Sgt.) und
Gruppenführer (squad leader) befördert.

Sgt. (Feldw.) Willis C. Pritchard,
hier noch in der Uniform eines
Rekruten (Pvt. = Private).
Aus Mulberry, Arkansas / USA

Quelle Foto:
Enkelsohn von Willis Pritchard,
John D. Moody, stellte dieses
Foto dem Verfasser zur
Verfügung.

Vermißtenmeldung per Telegramm vom Kriegsministerium an die Angehörigen.

Faksimile des Telegramms:

WESTERN UNION

120+ (28)

A. N. WILLIAMS
PRESIDENT

* CLASS OF SERVICE
This is a full-rate Telegram or Cablegram unless its deferred character is indicated by a suitable symbol above or preceding the address.

SYMBOLS
...ay Letter
. Letter
LC ...eferred Cable
NLT = Cable Night Letter
Ship Radiogram

The filing time shown in the date line on telegrams and day letters is STANDARD TIME at point of origin. Time of receipt is STANDARD TIME at point of destination

RLA272 42 GOVT=WUX WASHINGTON DC 11 545P

MRS MARY PRITCHARD=

ROUTE #2 MULBERRY ARK=

945 MAY 11 PM 5 37

=THE SECRETARY OF WAR DESIRES ME TO EXPRESS HIS DEEP REGRET THAT YOUR HUSBAND SGT PRITCHARD WILLIS C HAS BEEN MISSING IN ACTION IN GERMANY SINCE 23 APR 45 IF FURTHER DETAILS OR OTHER INFORMATION ARE RECEIVED YOU WILL BE PROMPTLY NOTIFIED=

=J A ULIO THE ADJUTANT GENERAL.

C 23 APR 45. WILL APPRECIATE SUGGESTIONS FROM ITS PATRONS CONCERNING ITS SERVICE

Übersetzung:

WESTERN UNION

Frau Mary Pritchard = Route #2 Mulberry , Arkansas

Der Kriegsminister läßt durch mich sein tiefes Bedauern ausdrücken, daß Ihr Ehemann, Sergeant Pritchard Willis C., in Deutschland nach Einsatz seit dem 23. April 1945 vermißt wird. Falls weitere Einzelheiten oder andere Informationen vorliegen, werden Sie unverzüglich benachrichtigt.

J. A. Ulio   General-Adjutant

Zum Telegramm des US-Kriegsministeriums an Frau Mary Pritchard mit der Vermißten-Anzeige ihres Ehemannes Willis C. Pritchard.

Seit dem 23. April 1945 galt Sergeant Willis Pritchard als im Kampfe vermißt.
Erst am 11. Mai 1945 (2. Mai ?), nachmittags um 5 Uhr 37, erreichte das Telegramm
seine Ehefrau Mary in Mulberry / Arkansas.
*(Anmerkung: Höchstwahrscheinlich soll das Absendedatum des Telegramms nicht 11. Mai heißen,
sondern 2. Mai 1945 und wurde mit römischer Zahl II geschrieben. Das bedeutet: 9 Tage nach seinem
Vermißt-Datum erhielt seine Frau die Nachricht.)*

Im Zivilberuf war Willis Metallarbeiter (Schlosser), war im April 1945 30 Jahre alt,
geboren und dauernd wohnhaft in Mulberry. Heiratete seine Frau Mary im November
1941. Einen Monat später, 11. Dezember 1941, erklärte Hitler den USA den Krieg.
Willis wurde als Wehrpflichtiger im Jahre 1943 zur Army eingezogen.
Im Juli 1944 wurde seine Tochter Linda geboren. Willis sah seine Tochter nur einmal,
als sie drei Monate alt war und er Heimaturlaub erhielt, bevor er am 1. Oktober 1944
per Truppentransporter nach Europa gebracht wurde.

Der Krieg in Europa war seit dem 8. Mai 1945 beendet. Und in den USA warteten die
Angehörigen der US-Soldaten auf die Nachricht, wann die deaktiviert (aus der Army
entlassen) und nach hause reisen würden.
In dieser Situation des Hoffens und Wartens der Angehörigen kam überraschend die
Schreckensmeldung per Telegramm vom Kriegsministerium in Washington an Frau
Mary Pritchard, daß ihr Ehemann seit dem Kampfeinsatz am 23. April 1945 vermißt
wurde.
Es blieb für Mary Pritchard nur die geringe Hoffnung, daß Ehemann Willis doch noch
in kürze wieder auftauchen würde.
Aber die Ungewißheit und Sorge blieben monatelang erhalten.

Die finanzielle Versorgung der Familie Pritchard (Ehefrau Mary und Tochter Linda)
während der Dienstzeit von Willis beim US-Militär soll durch den Staat abgesichert
worden sein (so heißt es, aber es gibt keine Bestätigung dafür). Vermutlich war das
letzte Zivil-Monatseinkommen des Familienvaters Willis Grundlage für die staatliche
Unterstützung.
Der Monatssold eines Sergeanten (Feldwebel) im Übersee-Kampfeinsatz betrug
insgesamt etwa 85 US-Dollar. Ob davon ein Betrag zur Unterstützung seiner Familie
abgezogen wurde, konnte niemand mit Sicherheit sagen. Einige Veteranen sagen, die
Familie wurde durch Soldkürzung unterstützt. Andere Veteranen meinen, die Familie
in den USA sei finanziell durch den Staat unterstützt worden. Auch sein Enkelsohn,
Mr. Moody, konnte keine Auskunft geben. Also keine Klarheit!
Aber Willis mußte von seinem Sold für den persönlichen Bedarf kaufen:
Hygiene-Artikel, Zigaretten, Kekse etc.
Von seinem Monatssold abgezogen wurde die Lebensversicherungs-Prämie in der
Höhe von $ 6.06 für die Versicherungssumme $ 10.000 bei Todesfall.
Diese Lebensversicherung war Pflicht für jeden US-Soldaten.
Viele US-Soldaten akzeptierten auch einen Abzug für Kriegsanleihen, weil sie von
Vorgesetzten ständig zur „freiwilligen" Zahlung aufgefordert wurden. Ob Willis das
auch tat, ist nicht bekannt.

Als Sergeant Willis C. Pritchard vermißt gemeldet worden war, wurde kein Monats-
Sold mehr gezahlt. Logisch, an wen sollte der Sold ausgezahlt werden?

Faksimile: Brief vom Kriegsministerium an Mary Pritchard vom 12. Mai 1945
zur Bestätigung der mit Telegramm angezeigten Vermißtenmeldung
ihres Ehemannes Willis C. Pritchard.

WAR DEPARTMENT

THE ADJUTANT GENERAL'S OFFICE

IN REPLY REFER TO:

AG 201 Pritchard, Willis C.
PC-N ETO 122

WASHINGTON 25, D. C.

12 May 1945

Mrs. Mary Pritchard
Route #2
Mulberry, Arkansas

Dear Mrs. Pritchard:

This letter is to confirm my recent telegram
in which you were regretfully informed that your husband,
Sergeant Willis C. Pritchard, 38,297,394, Infantry, has
been reported missing in action in Germany since 23 April
1945.

I realize the distress caused by failure to
receive more information or details; therefore, I wish
to assure you that in the event additional information
is received at any time, it will be transmitted to you
without delay. If no information is received in the
meantime, I will communicate with you again three months
from the date of this letter.

Inquiries relative to allowances, effects and
allotments should be addressed to the agencies indicated
in the inclosed Bulletin of Information.

Permit me to extend to you my heartfelt sympathy
during this period of uncertainty.

Sincerely yours,

J. A. ULIO
Major General
The Adjutant General of the Army

1 Inclosure
Bulletin of Information

Übersetzung: Schreiben des Kriegsministeriums vom 12. Mai 1945 an Mary Pritchard.

Kriegsministerium
Dienststelle des Generals-Adjutanten
Washington 25. D. C.

Bei Antwort Bezug auf:
AG 201 Pritchard, Willis C.
PC-N ETO 122

12. Mai 1945

Frau Mary Pritchard
Route #2
Mulberry, Arkansas

Liebe Frau Pritchard:

Dieser Brief soll mein kürzlich geschicktes Telegramm bestätigen, mit dem Sie bedauerlicherweise informiert wurden, daß Ihr Ehemann, Feldwebel Willis C. Pritchard, 38 297 394, Infanterie, im Einsatz in Deutschland seit dem 23. April 1945 als vermißt gemeldet worden ist.

Ich verstehe die Sorge, die durch das Ausbleiben weiterer Information oder Einzelheiten entstanden sind; deshalb möchte ich Ihnen versichern, falls wir eine zusätzliche Information irgendwann erhalten, wird sie Ihnen unverzüglich übermittelt werden. Falls zwischenzeitlich keine Information empfangen wird, werde ich die Verbindung zu Ihnen drei Monate ab Datum dieses Briefes wieder aufnehmen.

Erkundigungen bezüglich Erlaubnis, Erfolg und Zuweisung sollten an die im beigefügten Informationsblatt genannte Agentur gerichtet werden.

Erlauben Sie mir, Ihnen meine herzliche Anteilnahme in dieser Zeit der Ungewißheit auszudrücken.

Mit freundlichen Grüßen
Ihr

J. A. ULIO, General-Major
Adjutant General der Armee

1 Anlage
Merkblatt zur Information

Faksimile: Schreiben Verwaltung Streitkräfte an Mary Pritchard vom 3. Mai 1946

ARMY SERVICE FORCES
HEADQUARTERS, EIGHTH SERVICE COMMAND
DALLAS 2, TEXAS

3 May 1946

Mrs. Mary Pritchard
Route 2
Mulberry, Arkansas

Dear Mrs. Pritchard:

The War Department has informed me that your husband, Sergeant Willis C. Pritchard, has given his life in the performance of his duty. It is therefore with deep sympathy that I address you on behalf of this Command and extend every possible comfort and assistance.

We have a grateful and lasting interest in the brave men who have given their lives for our Country and in the dependents of these heroes.

The Army has made provision for you to have the benefit of our best counsel and advice in the adjustment of your problems. You will find the Personal Affairs Officer in your vicinity not only willing but eager to help you. Should you feel the need of assistance, legal aid, or advice in adjusting your problems, please feel free to consult the Personal Affairs Officer at Camp Chaffee, Arkansas or contact the Personal Affairs Division at this headquarters. The nearest chapter of the American Red Cross also is available to provide counsel and assistance.

I hope that the passing days will bring you comfort and a consoling pride that your husband gave his life to set men free. His name will be honored among all who were privileged to know him.

Sincerely yours,

WALTON H. WALKER
Lieutenant General, U. S. Army
Commanding

Übersetzung:
Schreiben Verwaltung der Streitkräfte an Mary Pritchard vom 3. Mai 1946

Army Service Forces
Headquarters, Eighth Service Command
Dallas 2 , Texas

3. Mai 1946

Frau Mary Pritchard
Route 2
Mulberry, Arkansas

Liebe Frau Pritchard:

Das Kriegsministerium hat mich informiert, daß Ihr Ehemann, Feldwebel Willis C. Pritchard, in Pflichterfüllung sein Leben gegeben hat. Es geschieht deshalb mit tiefem Mitgefühl, daß ich mich im Namen dieser Dienststelle bezüglich Ergänzung von jedem möglichen Trost und Beistand an Sie wende.

Wir haben ein dankbares und dauerhaftes Interesse an den tapferen Männern, die für unser Land ihr Leben gegeben haben, sowie an die Angehörigen dieser Helden.

Die Armee hat für Sie Vorsorge getroffen, daß Sie Nutzen erhalten von unserer besten Beratung und Ratschlägen zur Bewältigung Ihrer Probleme. Sie werden in Ihrer Gegend den Offizier für Personal-Angelegenheiten antreffen, der nicht nur willens ist sondern auch eifrig Ihnen helfen will. Sollten Sie das Gefühl haben, eine Hilfestellung zu benötigen, rechtliche Hilfe oder Beratung bei Regelung Ihrer Probleme, fühlen Sie sich bitte frei, den Offizier für Personal-Angelegenheiten in Camp Chaffee, Arkansas, anzusprechen oder nehmen Sie Kontakt zur Abteilung Personal-Angelegenheiten in dieser Dienststelle auf. Das nächstliegende Kapitel des amerikanischen Roten Kreuzes ist ebenfalls verfügbar mit Ratschlag und Hilfestellung.

Ich hoffe, daß die vorübergehenden Tage Ihnen Trost bringen und einen tröstenden Stolz bringen werden, daß Ihr Ehemann sein Leben gegeben hat, um Männer auf freien Fuß zu setzen. Sein Name wird in ehrenhafter Erinnerung bleiben bei all denen, die ihn kannten.

Mit freundlichen Grüßen
Ihr

Walton H. Walker
Lieutenant General, U.S. Army
Commanding

Zum Brief vom 3. Mai 1946 des US-Kriegsministerium
An Frau Mary Pritchard

Ein Jahr nachdem per Telegramm vom Kriegsministerium die Vermissten Meldung des Sergeant Willis Coleman Pritchard an seine Ehefrau Mary geschickt worden war, wurde der Vermißte offiziell für tot erklärt.

Dadurch und erst dann konnte die Lebensversicherungssumme des Vermißten in der Höhe von $ 10.000 an die Witwe ausbezahlt werden.

Wahrscheinlich hat Mary Pritchard von diesem Geld das Haus für sich und ihre kleine Tochter Linda in Mulberry gekauft, in dem sie weiterhin wohnte *(nach Kenntnis des Verfassers lebte sie im Jahre 2001 noch in dem Haus in Mulberry)*.

Es ist nicht bekannt, ob die Witwe Mary mit Tochter Linda danach noch irgendeine staatliche Unterstützung in finanzieller Hinsicht erhielt, ähnlich wie Krieger-Witwen in Deutschland vom Staat Witwenrenten bekamen.
Vermutlich gab es aber nach der Todeserklärung ihres Ehemannes Willis Pritchard für sie keine finanzielle Unterstützung vom Staat.

Die Witwe Mary Pritchard blieb ledig. Hat nicht wieder geheiratet.
Schon bald ab dem Jahre 1946 verdiente sie den Lebensunterhalt für sich und für ihre Tochter Linda durch Aufnahme einer Arbeit. Sie nahm eine Stelle als Verkäuferin im Einzelhandel an. Bis über das 65. Lebensjahr hinaus blieb sie beruflich tätig.

Mit einer Feierstunde zum Gedenken der Kriegstoten wurde 1987 eine Gedenktafel mit dem Namen Willis C. Pritchard auf dem Ehrenhain des Nationalfriedhofes in Fort Smith / Arkansas errichtet, ein Ort ungefähr 30 Meilen von Mulberry entfernt.
Witwe Mary Pritchard erhielt dann die Verwundeten-Medaille (Purple Heart) ihres Mannes, sowie die Infanterie Kampfspange (Cambat Infantry Badge). Und zur Ehre Ihres gefallenen Mannes erhielt sie dann die amerikanische Flagge (Stars and Stripes), die über dem Regierungsgebäude in der Hauptstand des Staates Arkansas geweht hatte.

Die Tochter Linda heiratete ihren Ehemann namens Mooby und führte seitdem den Familiennamen Moody. Das Ehepaar blieb in Mulberry wohnen.
Sie bekamen zwei Kinder: 1.Sohn John D. Moody und 2. Tochter Kendall Moody.
John D. Moody heiratete Peggy Sue, eine Schullehrerin. Sie haben zwei Kinder: ein Mädchen Jenna und einen Jungen Spencer Coleman. Alle sind wohnhaft in Mulberry.
Kendal Moody heiratete Robbin McClurkin und führte danach den Namen McClurkin. Auch sie lebten in Mulberry / Arkansas.

John D. Moody hat intensive Bemühungen unternommen, um weiter Einzelheiten über den Tod seines Großvaters Willis C. Pritchard zu erfahren. Er und seine Schwester Kendal wollten wissen, wo sich sein Grab befindet. Sie erfuhren lediglich, daß seine Grabstelle auf dem amerikanischen Militärfriedhof Margraten sein müßte. Doch leider war dort kein Grab von Sergeant Willis C. Pritchard zu finden.

Nächtliches Mündungsfeuer einer amerikanischen Artillerie-Batterie.
Alle Geschütze einer Batterie feuern gleichzeitig.
Foto : Col. (ret.) Erling J. Foss, Sammlung Schwerdtfeger

Sanitäter (medics) der US-Army versorgen einen Verwundeten mit erster Hilfe.
Bei nächtlicher Dunkelheit auf freiem Felde.
Foto : National-Archiv Washington, Sammlung Schwerdtfeger

Teil 3

Deutscher Soldatenfriedhof
Ysselsteyn / Holland

Sammelfriedhof für insgesamt 31.500 deutsche Soldaten,
die auf holländischem Gebiet beerdigt worden waren.

Deutscher Soldatenfriedhof Ysselsteyn / NL.

Befindet sich gut ausgeschildert in der Nähe von Venray, ca. 20 km nordwestlich der
Stadt Venlo, nahe der deutsch-niederländischen Grenze. 30 Hektar großes Gelände in
der Heide- und Moorlandschaft „De Peel" parallel zur Maas in der Provinz Limburg.

Karten-Ausschnitt: Limburg noord, Maßstab (Schaal) 1 : 50.000

Warum transportierten Amerikaner durch ihre Spezialeinheiten nicht nur eigene Tote, sondern auch deutsche Gefallene auf weit entfernte Militärfriedhöfe (jenseits der deutschen Grenze) ?

Diese Frage wird sich manch ein Zivilist und Einwohner der Orte gestellt haben.
Weshalb die Amis deutsche Gefallene nicht *(wie es die Briten für eigene Gefallene taten)* im Kampfgebiet beerdigten, sondern sie abtranportierten, das sagten sie den Deutschen nicht.
Wohin sie die toten deutschen Soldaten brachten, das wurde auch nicht mitgeteilt.
Und warum sie das taten, erzählten sie schon garnicht!

Nach der Einnahme eines Kampfgebietes hatten die siegreichen Amis den Zivilisten unter Androhung strengster Strafen verboten, die deutschen Gefallenen selbst zu beerdigen. Weil das allein die Aufgabe amerikanischer Spezialeinheiten vom Roten Kreuz war. So sagte man denen, die es trotzdem versuchten, ehe man sie fortjagte.
So blieben in den Kampfgebieten nur Gräber von deutschen Gefallenen, die vor der amerikanischen Besetzung angelegt worden waren.

Was war nun der Grund für diese höchst ungewöhnliche Handlungsweise der Amis?
Auf deutscher Seite konnte man sich keinen Reim daraus machen.
Weil man wegen des „Verbrüderungsverbotes" *(non-fraternization-rule)* von Amerikanern nichts erfuhr, glaubten die Leute nach langem Herumrätseln an folgenden Grund: Das niedergeknüppelte Volk der Deutschen konnte erst dann auch auf moralischem Gebiet als besiegt angesehen werden, wenn man ihm seine Toten wegnahm! Möglicherweise mag das tatsächlich eine Überlegung amerikanischer Stabsstellen gewesen sein. Aber nur im Gefechtsstreifen der der 9. US-Armee *(zu dem zählte auch das Wendland)*, im nördlichen Sektor der US-Truppen, ist der Transport deutscher Gefallener nach jenseits der deutschen Grenze durchgeführt worden.

Als sich 1944 die Kampfhandlungen auf deutsches Reichsgebiet verlagerten, mußten wegen Präsident Roosevelts Versprechen an sein Volk die toten Amerikaner vom deutschen Boden geborgen und jenseits der deutschen Grenze bestattet werden.
Es existiert kein amerikanischer Militärfriedhof auf deutschem Boden!
Ende 1944 hatte man in Margraten / Holland – westlich von Aachen - einen Sammelfriedhof für alle im nördlichen Frontabschnitt gefallenen Amerikaner eingerichtet. Bis März 1945 brachten die Gefallenentransporte nach Margraten keine Probleme, denn vom Rhein bis zur niederländischen Grenze war die Strecke schnell zu bewältigen.
Als jedoch im April 1945 US-Divisionen in 12 Tagen vom Rhein bis zur Elbe durchstießen, da tauchten die Probleme auf.
Im Abschnitt des XIII. US-Korps (9. US-Army) war die 611. Kriegsgräber-Registrierungs-Kompanie *(611th War Graves Registration Company)* unter Führung eines Hauptmanns Shomon zuständig. Kurzbezeichnung: 611th W G R Co.
Es konnte weder in den Annalen dieser Kompanie *(Geschichte: Crosses in the Wind)* noch in anderen Dokumenten der US-Army ein schriftlicher Befehl gefunden werden, wonach auch deutsche Gefallene jenseits der deutschen Grenzen zu beerdigen waren.
Somit darf angenommen werden, daß dieses eine mündliche Anweisung vom höherer Stabsstelle *(Supreme Headquarters US-Forces Europe)* war.

Entstehung des deutschen Soldatenfriedhofes Ysselsteyn.

Im Jahre 1946 wurde vom niederländischen Verteidigungsministerium beschlossen, auf dem Gebiet der Niederlande alle deutschen Gefallenen, die verstreut in Holland auf Zivilfriedhöfen beerdigt worden waren, zu exhumieren und gesammelt auf einem großen Militärfriedhof in Einzelgräbern zu begraben.
Eine einwandfreie Pflege der Kriegsgräber konnte nur durch Konzentrierung aller Gräber auf eine große Anlage gewährleistet werden.

Der Ort **Ysselsteyn** wurde dafür ausgewählt. Der liegt in der Nähe von Venray, 20 km nordwestlich von der Stadt Venlo, nahe der deutsch-niederländischen Grenze. Hier auf einem flachwelligen 30 Hektar großem Gelände in der Heide- und Moorlandschaft „De Peel", die sich in drei bis zehn Kilometer Breite parallel zur Maas von der Provinz Limburg bis in die Provinz Nordbrabant erstreckt, fanden 31538 deutsche Soldaten ihre letzte Ruhestätte.
Die deutschen Soldatengräber lagen über das ganze Land verstreut: Von Maastricht bis zur Insel Ameland.

Am 15. Oktober 1946 begann der Niederländische Gräberdienst mit den Umbettungen.

In der Folgezeit wurden auch die 3.000 Toten des deutschen Soldatenfriedhofes **Margraten** nach Ysselsteyn überführt. Der Volksbund Deutsche Kriegsgräberfürsorge gab dem Niederländischen Gräberdienst volle Unterstützung. Allein 1.700 Soldaten sind im Gebiet um Arnheim gefallen.
Im vorderen Teil des Soldatenfriedhofes haben die aus Maastricht überführten Toten des Ersten Weltkrieges ihre letzte Ruhestätte gefunden.
Der deutsche Militärfriedhof Margraten wurde nach der Umbettungs-Aktion aufgelöst.
Wer heute den Platz dieses ehemaligen Militärfriedhofes Margraten sucht, der wird ihn nur mit Hilfe ortsansässiger Zeitzeugen finden.
In mehrjähriger Arbeit hat der niederländische Gräberdienst die Gräber der „Unbekannten" geöffnet und unter Anwendung modernster Methoden in enger Zusammenarbeit mit dem Volksbund Deutsche Kriegsgräberfürsorge und der Deutschen Dienststelle (WASt., Berlin) noch 7330 Tote identifizieren können.

Am 1. November 1976 übergab die niederländische Regierung den deutschen Soldatenfriedhof Ysselsteyn in die Obhut des Volksbundes Deutsche Kriegsgräberfürsorge, der den Friedhof in fünfjähriger Arbeit grundlegend hergerichtet hat.
So wurden sämtliche Betonkreuze durch Natursteinkreuze ersetzt, sowie eine große platzartige Fläche zur Durchführung von Gedenkfeiern geschaffen und sämtliche Gebäude instandgesetzt.

Neben dem in Margraten nach Vorschrift angelegten amerikanischen Militärfriedhof wurde auch für die durch die 611th W G R Co von weit hergebrachten deutschen Gefallenen in Margraten ein deutscher Militärfriedhof angelegt.
Auf diesem Militärfriedhof für gefallene deutsche Soldaten in Margraten waren schließlich 3.000 Gefallene *(Enemy Dead)* beerdigt.
Davon stammten jedoch 1.700 Gefallene aus dem Gebiet um Arnheim.
Aber 1.300 tote Deutsche wurden zwischen deutscher Grenze bei Aachen und der Elbe bei Tangermünde von der 611th W G R Co geborgen, nach Margraten transportiert und dort beerdigt. Dazu zählten ebenfalls die in amerikanischen Lagern verstorbenen deutschen Kriegsgefangenen.

Ab 9. Mai 1945 wurden keine weiteren deutschen Toten dort auf dem deutschen Militärfriedhof Margraten *(German Military Cemetery Margraten)* beerdigt.

Zwei am 22. April 1945 auf Einsatzbefehle wartende **Sanitätsfahrzeuge** am Lüchower Bahnhof.
Diese Transporter für jeweils vier Verwundete auf Tragbahren waren bei allen US-Infanterie-Divisionen Standardausrüstung.

Foto: Col. (ret.) Erling J. Foss, Sammlung Schwerdtfeger

Ysselsteyn

Deutscher Soldatenfriedhof

Friedhofsplan des deutschen Soldatenfriedhofes Ysselsteyn

Insgesamt befinden sich auf dieser Kriegsgräberstätte 31.500 gefallene deutsche Soldaten.

Die ursprünglich auf dem deutschen Militärfriedhof in Margraten beerdigten 3.000 deutschen Gefallenen wurden ab Oktober 1946 durch den Niederländischen Gräberdienst auf diesen Zentralfriedhof umgebettet.

Nach den Kämpfen im Wendland wurden bis zum 3. Mai 1945 deutsche Gefallene (ein Teil der Toten!) durch die 611th W G R Co geborgen und auf dem „German Military Cemetery, Margraten" in Holland beerdigt.

Ab 1946 fand durch den Niederländischen Gräberdienst die Umbettung der deutschen Toten von Margraten nach Ysselsteyn statt, so daß der deutsche Soldatenfriedhof Margraten aufgehoben und das Gebiet für die Landwirtschaft freigegeben werden konnte.

Es muß lobend hervorgehoben werden, daß bei der Umbettungs-Aktion dieser 31.500 Gefallenen mehr als 7.300 der bis dahin als „Unbekannt" beerdigten Toten noch identifiziert werden konnten.

Friedhofsplan:

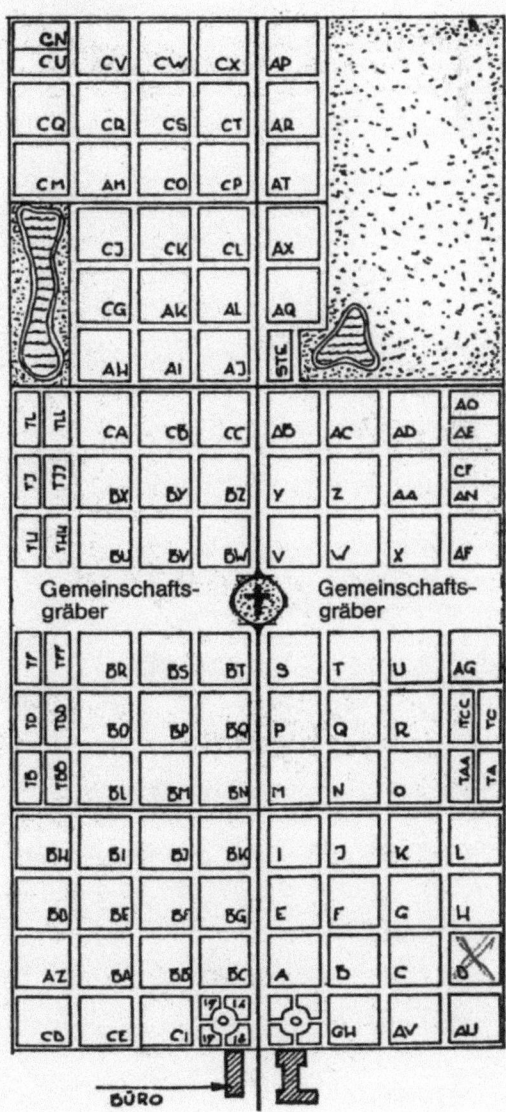

Aus dem **Brückenkopf Dömitz** von Laase über Siemen, Zadrau bis einschließlich Dannenberg und Hitzacker haben hier in Ysselsteyn 41 gefallene Deutsche ihre letzte Ruhestätte gefunden.

Aus dem **Brückenkopf Lenzen** von Schnackenburg über Gartow, Gorleben bis Pretzeetze befinden sich hier in Ysselsteyn 29 gefallene Deutsche.

Alle diese aus dem Wendland geborgenen und ursprünglich in Margraten beerdigten deutschen Soldaten (German Military Cemetery) befinden sich hier in Ysselsteyn in Einzelgräbern im Block (plot) D, nicht weit entfernt vom Haupteingang.

Faksimile : Beerdigungs-Protokoll, vom 30. April 1945,
für Grenadier **Max Grunack**, durch 611ᵗʰ W G R Co
auf Deutschem Soldatenfriedhof Margraten / Holland

GRAVE REGISTRATION
FORM No. 1
(Revised 1 Sept. 1945)

REPORT OF BURIAL

IF DECEASED IS IDENTIFIED, TM 10-630 AND AR 30-1815

30 April 1945

Date

Unknown _____ Unknown
Last Name   First   Initial   Rank   Date

R/A. 1241.S Temm Kp/ Inf Ers Batl 386
Unit

Serial No. 386

Vic. Pevestorf, Germany ____ 20 April 1945 ____ KIA
Place of Death   Date of Death   Organization

1415 30 April 1945   German Mil. Cem., Margraten, Holland   VK 642483
Time and Date of Burial   Name of Cemetery   Name or Coordinates of Location

209   9   Wooden Cross
Grave Number   Row Number   Plot Number   Type of Marker

Disposition of Identification Tags: Buried with body Yes ☒ No ☐   Attached to Marker Yes ☐ No ☒

If No Identification Tags
    How were remains identified?

What means of identification were buried with the body?

To determine Right or Left use Deceased's Right and Left.
Who is buried on:
Deceased's Right: 1 Fl 45 108 A   208
                        Name   Serial No.   Rank   Organization   Grave No.
Deceased's Left: Werner, Albrecht   458   W.B. Kdo. Bura 17   0   210
                        Name   Serial No.   Rank   Organization   Grave No.

Signature or Name, Rank and if possible Organization of person furnishing above Data when other than officer reporting burial.

If print of identification tag is not affixed fill in below:

R/A. 1241.Stamm Kp/
Inf Ers. Batl 386
GRUNACK
MAX (TYPED IN)

Emergency Addressee ____ Unknown

Name

Address

Religion ____ Unknown

List only Personal Effects Found on Body and disposition of same:

NONE.

JOSEPH J. THOMSON Officer or other person reporting burial
Capt., QMC GRS Officer
611 QM Gr. Reg. Co. Certified by G.R.S. Officer

Faksimile : Beerdigungs-Protokoll vom 30. April 1945,
für Wachtmeister **Werner Albrecht**, durch 611th W G R Co
auf Deutschem Soldatenfriedhof Margraten / Holland

GRAVES REGISTRATION
FORM No. 1
(Revised 1 Sept. 1943)

ENEMY DEAD
REPORT OF BURIAL
TM 10-630 AND AR 30-1815

30 April 1945

Date

Werner,	Albrecht		Unknown	Unknown
Last Name	First	Initial	Rank	Serial No.

458	W.B. Kdo. Bura	17	0	

vic. Pevestorf, Germany	Est. 20 April 1945		KIA
Unit			Organization

1420 30 April 1945	German Mil. Cem., Margraten, Holland	Vk 642483
Place of Death	Date of Death	Cause of Death

210	9		Wooden Cross
Time and Date of Burial		Name of Cemetery	

Grave Number	Row Number		Plot Number	Type of Marker

Name or Coordinates of Location

Disposition of Identification Tags: Buried with body Yes ☒ No ☐   Attached to Marker Yes ☐ No ☒

If No Identification Tags
How were remains identified?

What means of identification were buried with the body?

To determine Right or Left use **Deceased's Right and Left.**

Who is buried on:

Deceased's Right:

R/A. 1241 stamm Kp / Inf Ers Batl	336		209
Name	Serial No.	Rank	Organization	Grave No.

Deceased's Left:

43 Ab 7 M.G. Ers. Btl	74		211
Name	Serial No.	Rank	Organization	Grave No.

Signature, Name, Rank and if possible Organization of person furnishing above Data when other than officer reporting burial.

If print of identification tag is not affixed fill in below:

Werner, Albrecht
458 W.B.Kdo Bura
17   0

(TYPED IN)

Emergency Addressee ____Unknown____

Name

Address

Religion ____Unknown____

List only Personal Effects Found on Body and disposition of same:

NONE.

JOSEPH J. SHOMON
Capt., QMC GRS Officer
611 QM Gr. Reg. Co.

Signature of Officer or other person reporting burial
Certified by G.R.S. Officer

Deutscher Soldatenfriedhof Ysselsteyn / Holland

Gräber von zwei
deutschen Soldaten, die
am 23. April 1945 beim
deutschen Gegenangriff
in Pevestorf / Restorf
gefallen sind.

Ernst Richter, Grenadier

Block D, Reihe 11, Grab 270
Erkennungsmarke:
Gr. Ers. Btl. 67 - 611
geb. 12. 05. 02
gef.   23. 04. 45, 42 Jahre alt
Todesort: **Restorf**

Franz Bednorz, Obergefreiter

Block D, Reihe 12, Grab 280
Erkennungsmarke:
5105 – 2. Inf. Ers. Btl. 164
geb. 05. 02. 19
gef.   23. 04. 45, 26 Jahre alt
Todesort: **Pevestorf**

Fotos: Schwerdtfeger

Faksimile : Beerdigungs-Protokoll vom 29. April 1945,
für Grenadier **Heinz Lehmann**, durch 611th W G R Co
auf Deutschem Soldatenfriedhof Margraten / Holland

ENEMY DEAD RESTRICTED

GRAVES REGISTRATION
FORM No. 1
(Revised 1 Sept. 1943)

REPORT OF BURIAL

TM 10-630 AND AR 30-1815

29 April 1945

Date

Lehmann,		Unknown	Unknown
Last Name	First	Rank	Serial No.

Stamm Komp/Gren Ers Btl 16 7428		KIA
Unit	Organization	

vic. Dennenberg, Germany	23 April 1945	KIA
Place of Death	Date of Death	Cause of Death

1615 29 April 1945	German Mil. Cem., Margraten, Holland	Wooden Cross
Time and Date of Burial	Name of Cemetery	Name or Coordinates of Location

267	11	D	Wooden Cross
Grave Number	Row Number	Plot Number	Type of Marker

Disposition of Identification Tags: Buried with body Yes ☒ No ☐   Attached to Marker Yes ☐ No ☒

If No Identification Tags
How were remains identified?

What means of identification were buried with the body?

To determine Right or Left use **Deceased's Right and Left.**

Who is buried on:

JUERGENSEN, JUERGEN				266
Deceased's Right: Inf. Ers. Btl. 209 3 Kp 1051 0				
Name	Serial No.	Rank	Organization	Grave No.

Bogler, Heinrich	A 329	stm.	Werf. Ers. Abt. 2	268
Deceased's Left: Name	Serial No.	Rank	Organization	Grave No.

Signature or Name, Rank and if possible Organization of person furnishing above Data when other than officer reporting burial.

If print of identification tag is not affixed fill in below:

LEHMANN, HEINZ
Stamm Komp/Gren Ers
Btl 16 7428

(TYPED IN)

Emergency Addressee _____ Unknown

Religion _____ Unknown

List only Personal Effects **Found on Body** and disposition of same:

RESTRICTED

JOSEPH GEORGE or other person reporting burial
Capt., QMC   GRS Officer
611 QM Gr. Reg. Co.
Verified by G.R.S. Officer

Deutscher Soldatenfriedhof Ysselsteyn / Holland

Gräber von zwei 16-jährigen deutschen Soldaten, die in Zadrau am 22. April 1945 gefallen sind.
Beide waren Angehörige der Kampfgruppe Leptihn.

Karl Logemann, Grenadier

Block D, Reihe 11, Grab 264
Erkennungsmarke:
296 - G. E. U. A. B. 46 O
geb. 24. 07. 28
gef. 22. 04. 45, 16 Jahre alt
Todesort: **Zadrau**
Brückenkopf Dömitz

Heinz Lehmann, Grenadi

Block D, Reihe 11, Grab 267
Erkennungsmarke:
St.kp./ Gren.Ers.Btl. 16 - 742
geb. 23. 10. 28
gef. 22. 04. 45, 16 Jahre alt
Todesort: **Zadrau**
Brückenkopf Dömitz

Fotos: Schwerdtfeger

Liste der auf dem Deutschen Soldatenfriedhof Ysselsteyn / Holland
beerdigten Gefallenen aus dem
Brückenkopf Lenzen.

Grablage Kriegsgr.-St.	Vorname Name	Dienstgrad Erkennungsmarke	Geburtstag Alter	Todestag Todesort
D – 9 – 203 Ysselsteyn	---- Unbekannt	---- 15910-Fl.Ausb.Rgt.16	---- ----	23. 04. 45 Pevestorf
D – 9 – 204 Ysselsteyn	Max Hohmann	Uffz. 2.schw.A.A.255-10	15. 06. 10 34 Jahre	23. 04. 45 Pevestorf
D – 9- 206 Ysselsteyn	Gustav Köllermann	Soldat 488-Eis.Pi.E.u.A. Btl.1	21. 10. 03 41 Jahre	23. 04. 45 Pevestorf
D – 9 – 208 Ysselsteyn	Helmut Götz	Ogfr. 1 pl 45108 A	23. 02. 17 28 Jahre	22.04.45 Brünkendorf
D - 9 - 209 Ysselsteyn	Max Grunack	Grenadier 1241-St. Inf.Ers.Btl.386	14. 09. 06 38 Jahre	23. 04. 45 Pevestorf
D – 9 – 210 Ysselsteyn	Werner Albrecht	Wachtmeister 458 W.B.Kdo.Burg17-0	16. 03. 16 29 Jahre	23. 04. 45 Pevestorf
D – 9 – 211 Ysselsteyn	---- Unbekannt	---- 43- AB-7.M.G.E.Btl.74	---- ----	21. 04. 45 Gorleben
D – 9 – 213 Ysselsteyn	Hans Witt	Gfr. St.Gr.E.u.A.B.490-2591	3. 06. 25 19 Jahre	21. 04. 45 Gorleben
D – 9 – 216 Ysselsteyn	Max Stramm	Grenadier St. Pz. Gren.Ers.Btl.5	28. 05. 27 17 Jahre	23. 04. 45 Pevestorf
D – 9 – 221 Ysselsteyn	--- Unbekannt	--- Gren.Ers.Btl.67 – 525	--- ----	23. 04. 45 Restorf
D – 9 – 222 Ysselsteyn	---- Unbekannt	---- 3.Fahr-Kol.d.LW.33	---- ----	23. 04. 45 Restorf
D – 9 – 223 Ysselsteyn	Josef Gröblingshoff	Pionier 444-Eisb.Pi.E.u.A.Btl.1	10.02.05 40 Jahre	23. 04.45 Restorf
D – 9 -224 Ysselsteyn	Willi Bertelsmann	Gefreiter 5./I.R.474 – 61 – A	19.09.14 30 Jahre	23.04.45 Restorf
D - 9 - 225 Ysselsteyn	Michael Rieger	Grenadier 8979- St.k. G.E.B.193	6.10.03 41 Jahre	23.04.45 Restorf
D –11-270 Ysselsteyn	Ernst Richter	Grenadier Gren.Ers.Btl.67 – 611	12.05.02 42 Jahre	23.04.45 Restorf
D -11-271 Ysselsteyn	Heinrich Winzenhöler	Ogfr. Nachr.E.K.17-5308-0	16.06.23 21 Jahre	23.04.45 Restorf
D -11-272 Ysselsteyn	Siegfried Schimankiewitz	Uffz. 6./I.R.10 Nr. 120	16.03.15 30 Jahre	23.04.45 Restorf
D –11-273 Ysselsteyn	Kurt Hackbarth	Ogfr. Krad.Schtz.E.Btl.4/320	9.02.23 22 Jahre	23.04.45 Restorf
D -11-274 Ysselsteyn	Helmut Wallner	Gefreiter le Art E u A B-A-2422	7.11.25 19 Jahre	22.04.45 Brünkendorf
D-11-275 Ysselsteyn	Hans Zeuner	Gefreiter 817 St.Bat/H.Flak 278	24.04.25 20 Jahre	22.04.45 Kapern
D-12-277 Ysselsteyn	Max Laube	Ogfr. 481 – 1./ L.Sch.B.314	24.10.04 40 Jahre	23.04.45 Restorf
D-12-278 Ysselsteyn	----- Unbekannt	---- 1814-M.K.K.Fl.Kas. Hilden	---- ----	23.04.45 Restorf

Brückenkopf Lenzen

Grablage Kriegsgr.St.	Vorname Name	Dienstgrad Erkennungsmarke	Geburtstag Alter	Todestag Todesort
D-12-279 Ysselsteyn	---- Unbekannt	---- Gren.Ers.Btl.67 -871	----- -----	23.04.45 Restorf
D-12-280 Ysselsteyn	Franz Bednorz	Ogfr. 5105- 2.Inf.Ers.Btl.164	5.02.19 26 Jahre	23.04.45 Restorf
D-12-281 Ysselsteyn	Ernst Seip	Ogfr. 185-LW.Baukp.X/XII	31.05.10 34 Jahre	23.04.45 Restorf
D-12-282 Ysselsteyn	Josef Macher	Ogfr. 2487-1.schw.Flak E.A.38-A	19.02.22 23 Jahre	23.04.45 Restorf
D-12-283 Ysselsteyn	---- Unbekannt	----- 9164-schw.Flak E.Abt.60	---- -----	23.04.45 Restorf
D-12-284 Ysselsteyn	Erich Zilz	Ogfr. 42803 / 44	25.06.10 34 Jahre	23.04.45 Restorf
D-12-285 Ysselsteyn	Günter Schillings	Flieger 65 - 3. B. Sch Sch	6.05.26 18 Jahre	23.04.45 Restorf

Von diesen 29 Gefallenen auf dem Friedhof Ysselsteyn, die ursprünglich auf dem deutschen Militärfriedhof Margraten (German Military Cemetery Margraten) durch die amerikanische 611th War Graves Registration Company beerdigt worden waren, mußten leider sieben Tote unbekannt (ohne Kenntnis ihrer Namen) in ihren Gräbern bleiben.

Die Begründung liegt darin, daß bei Kriegsende einige Personal-Listen von deutschen Einheiten verlorengegangen sind.

Z.B.: Grenadier Ersatz- und Ausbildungs-Bataillon 67, Berlin-Spandau.
   Von diesem Ersatz-Bataillon ist die Personal-Liste vollständig verloren,
   so daß die WASt (Wehrmachtauskunftstelle, Berlin) trotz bekannter
   Erkennungsmarke des Gefallenen keine Auskunft über den Namen geben
   kann.
   Ausnahme: Wenn der Niederländische Gräberdienst bei der Umbettung von
   Margraten nach Ysselsteyn schriftliche Hinweise auf den Namen des Toten
   fand. Das war z.B. bei Grab D – 11 – 270 der Fall. Grenadier Ernst Richter.

Desgleichen:
   Grenadier Ersatz- und Ausbildungs-Bataillon 203, Berlin-Spandau
   (Fürstenwalde?).
   Das Personal-Register dieses Ersatz-Bataillons der letzten Kriegsmonate
   ist spurlos verschwunden.

Angehörige dieser beiden Ersatz-Bataillone, aufgestockt in Perleberg mit vielen Versprengten, bildeten die Kampfgruppe „Briest", die den nächtlichen Gegenangriff am 23. April 1945 in Pevestorf und Restorf durchführte, der dann vor Restorf zum blutigen Desaster ausartete.

Teil 4

Kriegsgräberstätte
Buschkamp, Senne I, bei Bielefeld

Karte : Kriegsgräberstätte Buschkamp, Senne I, Bielefeld

Anfahrt über Autobahn A 2, Ausfahrt Bielefeld Süd, weiter auf der Brackweder
Straße in Richtung Brackwede. Vor Brackwede Hinweisschild beachten
„Kriegsgräberstätte" des Volksbundes Deutsche Kriegsgräberfürsorge.
Zum Friedhof nach links von der Straße abbiegen.

Kriegsgräberstätte Buschkamp,
Senne I, Bielefeld.

In der nördlichen Altmark stießen am 12. April bis 17. April 1945 Einheiten des XIII. US-Korps bis an die Elbe vor.

Als diese amerikanischen Truppen zur Elbe vorstießen und dort die letzten Kampfhandlungen geschahen (ab 12. April 1945), entstanden ernste Probleme für die 611th War Graves Registration Company.

Da die Gefallenen-Transporte von der Elbe bis zur holländischen Grenze (Margraten) außerordentlich zeitraubend und die Transportkapazitäten begrenzt waren, wurde notgedrungen auf etwa halber Strecke bei Bielefeld für die deutschen Gefallenen (enemy dead) ein neuer Soldatenfriedhof eingerichtet.

Von hier aus (von Bielefeld) konnten die Transportfahrzeuge der 611th W G R Co noch am selben Tag zum Ausgangspunkt an die Elbe zurückkehren. Denn bis Margraten und zurück brauchten die Fahrzeuge mindestens zwei Tage.

So konnte sich diese Einheit voll auf ihre Hauptaufgabe, den Transport amerikanischer Gefallener zum Militärfriedhof Margraten, konzentrieren.

Aber bis zum 3. Mai 1945 wurden deutsche Gefallene sowohl nach Margraten als auch nach Bielefeld zu den dortigen Militärfriedhöfen transportiert. Die echte Begründung dafür konnte nicht ermittelt werden. Vermutlich reichte die Transportkapazität mit den vorhandenen Fahrzeugen knapp aus, da einzelne Lkws noch am gleichen Tag aus Bielefeld zurückkehrten..

So wurden hier auf dem deutschen Militärfriedhof Buschkamp, Senne I, Bielefeld, insgesamt 41 gefallene Soldaten aus dem Wendland beerdigt:

16 gefallene Soldaten stammen aus dem Brückenkopf Dömitz.
Block A, Reihen 9, 10, 11 und 12

25 gefallene Soldaten stammen aus dem Brückenkopf Lenzen
Block A, Reihen 8, 9 und 10
(hauptsächlich Tote des „Massakers" bei Pevestorf und Restorf).

Alle deutschen Gefallenen (41 Mann) aus den beiden Brückenköpfen Dömitz und Lenzen wurden im Block A beerdigt.

Friedhofsplan

Kriegsgräberstätte Buschkamp, Senne I, Bielefeld

	Block A			Hochkreuz	Block B		
Reihe	**Grab**		**Grab**		**Grab**	**Grab**	**Reihe**
12	276	–	300		276	– 288	12
11	251	–	275		251	– 263	11
10	226	–	250		226	– 238	10
9	201	–	225		201	– 225	9
8	176	–	200		176	– 200	8
7	151	–	175		151	– 175	7
6	126	–	150		126	– 150	6
5	101	–	125		101	– 125	5
4	76	–	100		76	– 100	4
3	51	–	75		51	– 75	3
2	26	–	50		26	– 50	2
1	1	–	25		1	– 25	1

Diese Kriegsgräberstätte befindet sich ungefähr auf halber Strecke von der Elbe bis zur holländischen Grenze.

Alle durch die 611th W G R Co aus dem Wendland geborgenen und hier beerdigten deutschen Gefallenen befinden sich im Block A.

Hier ruhen:

16 gefallene Deutsche aus dem Brückenkopf Dömitz.

25 gefallene Deutsche aus dem Brückenkopf Lenzen.

Kriegsgräberstätte Buschkamp, Senne I, Bielefeld.

Karl Roslawski, Ogfr.

Block A, Reihe 8, Grab 189
Erkennungsmarke:
1711 – 2.A.Fl.Ausb.Rgt. 53
geb. 20. 02. 23
gef. 21. 04. 45, 22 Jahre alt
Todesort: Gartow

Fotos: Schwerdtfeger

Kriegsgräberstätte Buschkamp Senne I, bei Bielefeld
Gemeinsamer Grabstein für W.-G. v. Bock und Ernst Weber

Foto: Schwerdtfeger 1995

Wolf-Georg Frh. von Bock

Block A, Reihe 9, Grab 220
Grenadier, ROB
(Reserve-Offiziers-Bewerber)
Erkennungsmarke:
A 4797 St. G.E.u.A.Bn. 30
(Grenadier-Ersatz-u.Ausbildungs-
Bataillon 30, Kleistkaserne Görlitz)
geb. 22. 07. 27
gef. 22. 04. 45, 17 Jahre alt
Todesort: **Brünkendorf**
Brückenkopf Lenzen

Die in Gr. Gerstedt bei Salzwedel in
Ausbildung befindlichen ca. 40 Mann
Reserve-Offiziers-Bewerber wurden
am 12. April 1945 in das Füsilier-Bataillon
z.b.V.901 gesteckt und auf die 7., 8,
und 9. Kompanie verteilt. W.-G. v. Bock
kam zur 8. Kompanie (Oblt. Bader)

Er fiel im Nahkampf beim nächtlichen
deutschen Stoßtrupp-Unternehmen der
8. Kompanie am späten Abend des
22. April 1945 zur Rückeroberung von
Brünkendorf.

Foto: Von der Mutter, Frau Ilse Kersten,
      verwitwete v. Bock, zur Verfügung
      gestellt.

Kriegsgräberstätte Buschkamp, Senne I, bei Bielefeld
Gemeinsamer Grabstein für W.-G. v. Bock und Ernst Weber
Foto: Schwerdtfeger 1995

Ernst Weber, Gefreiter

Block A, Reihe 9, Grab 221
Erkennungsmarke:
A 604 – 2.Batt.schw.Art.E.Abtl.61
geb. 14. 10. 12
gef. 23. 04. 45, 32 Jahre alt
Todesort: **Restorf**
Brückenkopf Lenzen

Ernst Weber gehörte zur 1. Kompanie
der Kampfgruppe Briest, die am
23. April um 1.45 Uhr den nächtlichen
Gegenangriff zur Wiedereinnahme
von Restorf ausführte, jedoch vor und
im Dorf unter hohen Verlusten scheiterte.

Ernst Weber fiel am westlichen Ortsrand
von Restorf am 23. April 1945 im
deckungslosen Gelände bei
konzentriertem amerikanischen Artillerie-
Feuer (Fire time on target).

Foto: Von der Nichte des Gefallenen zur Verfügung gestellt.

Liste der auf der Kriegsgräberstätte Buschkamp, Senne I, Bielefeld beerdigten Gefallenen aus dem
Brückenkopf Lenzen

Grablage Kriesgr.-St.	Vorname Name	Dienstgrad Erkennungsmarke	Geburtstag Alter	Todestag Todesort
A – 8 – 189 Senne I	Karl Roslawski	Ogfr. 1711- 2.A.Fl.Ausb.Rgt.53	20.02.23 22 Jahre	21.04.45 Gartow
A – 9 – 207 Senne I	Alfred Klein	Ogfr. St.kp.Kf. Ers. Abt. 8	29.07.05 39 Jahre	23.04.45 Schnackenburg
A – 9 – 208 Senne I	Fritz Hedke	Gefreiter 6155-2.Le.Art.Ers.Abt.3	18.12.11 33 Jahre	23.04.45 Brünkendorf
A – 9 – 209 Senne I	Carfain Fylot	---- ----	---- ----	23.04.45 Brünkendorf
A – 9 - 210 Senne I	Otto Buddenberg	Feldwebel 226-A-Sch.Flg.Ausb.Rgt.12	1.03.19 26 Jahre	23.04.45 Restorf
A – 9 – 211 Senne I	---- Unbekannt	---- Gren. Ers. Btl. 67 - 588	---- ----	23.04.45 Restorf
A – 9 - 212 Senne I	Janson Frick	---- 5775- Gren. Ers. Btl. 9	---- ----	23.04.45 Restorf
A – 9 – 213 Senne I	Werner Kunze	Uffz. 18 – A – 9. I. R. 230	4.08.15 29 Jahre	23.04.45 Restorf
A – 9 – 214 Senne I	Heinz Lukas	Ogfr. 1244 - 2. Inf. Ers. Btl. 203	15.10.20 24 Jahre	23.04.45 Restorf
A – 9 -215 Senne I	---- Unbekannt	---- Gr.Ers.u.Ausb.Btl. 67 – 380	----- -----	23.04.45 Restorf
A – 9 -216 Senne I	Karl Becker	Ogfr. 5168 – 1.Pz. Ers. Abt. 5 - A	12.09.22 22 Jahre	22.04.45 Brünkendorf
A – 9 – 217 Senne I	Hermann Pfeiffer	---- 4.Standort-Abt.z.b.V.Berlin I	9.12.07 37 Jahre	22.04.45 Brünkendorf
A – 9 -218 Senne I	Herbert Zinserling	Uffz. 5736-A-Inf.N.E.u.A.Kp. 29	9.06.12 32 Jahre	23.04.45 Schnackenburg
A – 9 -219 Senne I	Willi Zabitzki	---- 1111-III.u. St.K.K.E.A.100	2.05.28 16 Jahre	23.04.45 Restorf
A – 9–220 Senne I	Wolf-Georg Frh.von Bock	Gren. ROB A-4797 G.E.u.A.B.mot 30	22.07.27 17 Jahre	22.04.45 Brünkendorf
A – 9 -221 Senne I	Ernst Weber	Ogfr. A- 604-2.Bt. sch.Art.E.Abt.61	14.10.12 32 Jahre	23.04.45 Restorf
A – 9 -222 Senne I	Franz Schoßböck	Gefreiter 1542- 4.MG. I. E. B. 1/135	12.12.23 21 Jahre	23.04.45 Restorf
A –9 –224 Senne I	Otto Buttler	Ogfr. 1044- 1.St.Kp. G.E.B.9- 0	19.05.06 38 Jahre	23.04.45 Restorf
A –9 –225 Senne I	Heinz Metzler	Uffz. 368 - 3 / N. E. A. 14	13.01.22 23 Jahre	23.04.45 Restorf
A –10-226 Senne I	Matthis Groba	---- O – 62 - 3. A. R. 753	1.12.08 36 Jahre	23.04.45 Schnackenburg

Brückenkopf Lenzen

Grablage Kriegsgr.St.	Vorname Name	Dienstgrad Erkennungsmarke	Geburtstag Alter	Todestag Todesort
A -10-227 Senne I	Alfred Schröter	Ogfr. 1652 – B – Pi. Ers. Btl. 3	12.01.16 29 Jahre	23.04.45 Schnackenburg
A–10-228 Senne I	Georg Fritz	Ogfr. 5046 –A– 3. Mg.Ers.Btl. 4	3.05.11 33 Jahre	23.04.45 Pevestorf
A -10-229 Senne I	Gerhard Meixner	Uffz. 1332 – 3. Art. Ers. Abt. 4	6.10.19 25 Jahre	23.04.45 Restorf
A -10-231 Senne I	Gustav Liedmann	---- 2554 – 1.St.Kf. E.u.A.A.7	23.08.95 49 Jahre	23.04.45 Restorf
A -10-232 Senne I	Peter Klein	Gefreiter 779 -AB–2.I.E.Btl.mot.156	20.04.23 22 Jahre	23.04.45 Restorf

----

Von diesen 25 Gefallenen auf dem Friedhof Buschkamp, Senne I, Bielefeld, die durch die amerikanische 611th War Graves Registration Companie hier beerdigt wurden, mußten leider zwei Tote unbekannt (ohne Kenntnis ihrer Namen) in ihren Gräbern bleiben.
Die Begründung liegt darin, daß bei Kriegsende einige Personal-Register von deutschen Einheiten verlorengegangen sind.

Es handelt sich hier um die Personal-Liste des
Grenadier Ersatz- und Ausbildungs-Bataillon 67, Berlin-Spandau.
(Gr. Ers. u. Ausb. Btl. 67)

Sie gehörten zur Kampfgruppe „Briest", die den nächtlichen Gegenangriff am 23. April 1945 in Pevestorf und Restorf durchführte.

Kriegsgräberstätte BuschkampSenne I, bei Bielefeld

Erich Baron, Grenadier, 16 Jahre alt, fiel am 12. April 1945 bei den Eikerhöfen / Losenrade, im Gefecht um die Wittenberger Elbbrücke. Wurde offenbar als einziger toter Deutscher zusammen mit den gefallenen Amerikanern geborgen und durch die 611th W G R Co auf dem Wege nach Margraten hier in Buschkamp, Senne I, ausgeladen und beerdigt.

Günter Kunz (22) und Emil Richter (16) fielen am 21.April 1945 bei Bombeck.

Fotos: Schwerdtfeger 1995